天津近代
百年金融概览

中共天津市委金融委员会办公室　编

天津出版传媒集团

天津人民出版社

图书在版编目（CIP）数据

天津近代百年金融概览 / 中共天津市委金融委员会
办公室编. -- 天津：天津人民出版社，2025. 5.
ISBN 978-7-201-20720-9

Ⅰ. F832.721

中国国家版本馆 CIP 数据核字第 202588CN39 号

天津近代百年金融概览
TIANJIN JINDAI BAINIAN JINRONG GAILAN

出　　版	天津人民出版社	
出 版 人	刘锦泉	
地　　址	天津市和平区西康路 35 号康岳大厦	
邮政编码	300051	
邮购电话	（022）23332469	
电子信箱	reader@tjrmcbs.com	

责任编辑	高　琪
封面设计	汤　磊

印　　刷	天津市银博印刷集团有限公司
经　　销	新华书店
开　　本	710 毫米×1000 毫米　1/16
印　　张	11.75
插　　页	1
字　　数	150 千字
版次印次	2025 年 5 月第 1 版　2025 年 5 月第 1 次印刷
定　　价	89.00 元

编委会

序

习近平总书记指出,推动金融高质量发展、建设金融强国,要坚持法治和德治相结合,积极培育中国特色金融文化。2024年2月,习近平总书记视察天津并发表重要讲话,对天津工作提出"四个善作善成"的重要要求,围绕"在推动文化传承发展上善作善成",强调要深入发掘历史文化资源,加强城市历史文化遗产和红色文化资源保护,讲好"天津故事"。

天津作为中国近代北方金融中心,具有深厚的金融历史文化底蕴。新时代以来,天津金融发展成效显著,为经济社会高质量发展提供了有力支撑。

当前,天津正在持续推进金融创新运营示范区建设。为深入贯彻落实习近平总书记关于天津工作、金融工作、文化工作的一系列重要要求,中共天津市委金融委员会办公室编纂本书,旨在进一步发掘天津金融历史文化资源,传承优良文化传统,彰显天津在奋力推进金创区建设的新征程上走好中国特色金融发展之路、弘扬中国特色金融文化、为加快建设金融强国贡献天津力量的坚定决心。

目　录

前　言 ……………………………………………………………… 001

第一章 ………………………………………………………………… 008

岁月流"金"

——近代天津知名金融机构

第一节　国家银行 / 008

第二节　地方银行 / 011

第三节　官商合办银行 / 012

第四节　商业银行 / 014

第五节　外商银行 / 034

第六节　中外合资银行 / 049

第七节　同业公会 / 053

第二章 ………………………………………………………………… 057

"金"业勃兴

——近代天津金融业务

第一节　银行业业务 / 057

第二节　银钱业业务 / 088

第三节　保险业业务 / 097

第四节　证券业务 / 100

第五节　公债业务 / 104

第三章 ·· **107**

百年兴业

——金融支持民族实业故事

第一节 扎根实业,北方纺织重镇兴起的金融
　　　 助力 / 107

第二节 从无到有,金融支持近代盐碱工业兴
　　　 起的时代佳话 / 118

第三节 金融对面粉及其他行业的扶持 / 126

第四章 ·· **135**

风云翘楚

——近代天津金融人物

第一节 百年中行的先驱者——卞白眉 / 135

第二节 心怀家国的金融家——周作民 / 139

第三节 北方实业巨擘——周学熙 / 142

第四节 爱国华侨巨商——黄奕住 / 145

第五节 最"精明"的银行家——谈荔孙 / 146

第六节 亦官亦商的传奇——吴调卿 / 150

第七节 乱世弄潮的金融巨子——胡笔江 / 152

第八节 中国实业之父——盛宣怀 / 154

第九节 传奇跨界闻人——吴鼎昌 / 156

第十节 实业大成的金融家——孙多森 / 158

第十一节 金融学界泰斗——资耀华 / 160

附　录 ·· **162**

参考文献 ·· **175**

后　记 ·· **176**

前　言

天津地理位置优越，位处九河下梢，又为河海交汇之地，通过海河水系，可上溯华北、西北，出海可通东北、山东、江浙、闽粤。经由天津，华北、西北内陆各地货物输往沿海各地，反过来沿海各地商品输往内陆各地，加上天津为漕运重要中转站和囤积地及长芦盐分销直隶、河南的枢纽，天津商业兴盛，商贩云集，明清以来，逐渐发展成为北方的商业重镇。

天津开埠后，对外贸易规模不断扩大，自1865年到1931年60余年间，对外贸易规模扩大了270余倍，天津在全国对外贸易中的地位逐步上升，20世纪二三十年代已超过广州、汉口，仅次于上海，成为全国第二大对外贸易港口城市。在对外贸易的拉动下，天津的商业发生了很大变化，规模不断扩大，商业行业越来越专业化、精细化，商业组织、经营方式也有了很大改变；天津城市的辐射能力

民国时期的运河码头

逐步增强,腹地范围一步步扩大,腹地经济越来越趋于商品化,与腹地的联系也越来越紧密,天津成为北方最大的商业中心。19世纪60年代后,天津近代工业逐渐兴起,最具代表性的有洋务派创办的天津机器制造局等,

中国第一家精盐制造厂——久大精盐公司

中国第一家大型化工企业——永利制碱厂

但在八国联军侵华战争中这些工业几乎毁于一旦。20世纪初,天津的近代工业重新兴起,尤其是第一次世界大战及以后一段时间是天津工业发展的黄金时期,天津的支柱产业——纺织、面粉、化工等都兴起于这一时期,天津逐渐成为全国仅次于上海的第二大工业城市。

工商业发展推动着金融业的成长。清代前期,天津主要的金融机构是钱庄和典当。钱业在清代中叶已有一定规模,嘉庆年间(1796—1820年)在天后宫财神殿后院设有钱号公所,专门办理钱业公共事宜。

天津开埠后到清末是天津近代金融业初步成长时期,外商银行和保险公司陆续在天津设立分支机构。1880年,汇丰银行筹设天津分行,1882年正式营业。从汇丰银行开业始到清末,在津开业的外商银行先后有德华银行(德国,1890年)、麦加利银行(英国,1895年)、华俄道胜银行(俄国,1896年)、东方汇理银行(法国,1898年)、横滨正金银行(日本,1899年)、华比银行(比利时,1906年)、义品放款银行(法、比合资,1907年),近代天津主要的外商银行大多在此时段设立。较之外商银行,华资银行兴起较晚。1898年中国通商银行天津分行成立;1905年户部银行(1908年改为大清银行)成立,同年在天津设立分行;1908年交通银行成立,同年在天津设立分行。另外,清末天津还设有地方银行——天津官银号,1902年由袁世凯在天津开办,除天津设总号外,北京、上海、汉口、保定、张家口、唐山等地都设有分号。天津是票号的发源地和重要基地

汇丰银行天津分行

天津官银号

之一。票号产生于19世纪20年代，道光末年（1850）已发展到11家。19世纪60年代到19世纪末是票号发展的黄金时期。20世纪初，票号的发展达到极盛，至清末，票号增至26家，但随着清政府的倒台，票号几乎销声匿迹。银号的货币兑换和存放款等业务随商业繁盛得到扩充，经营范围日广，资本增加，家数也越来越多。1853年，第一家称为银号的钱庄——义恒银号开业，自此天津钱庄遂称为银号。到1900年庚子事变前，天津大小银号、钱铺达300多家。庚子事变中天津的银行被八国联军洗劫一空，天津钱业遭受兴盛以来的第一次打击，倒闭者十之八九。事变后银号逐渐得到恢复。

民国前期是天津金融业近代发展的重要时期，除票号急剧衰落至消失、典当逐渐走向衰落外，其他金融机构都有所发展。如天津的银号，得益于与贸易的密切联系和稳健经营、相互团结的作风，拥有相当的实力。证券物品交易所等新型金融机构在津设立，华商保险业也在20世纪初开始逐渐得到成长。

民国以后，天津进出口贸易日繁，同时天津地处畿辅，各外商银行多向北洋政府贷予巨款，天津的外商银行日趋活跃，除清末原设有的外商银行进一步发展外，新成立的外商银行有13家。至此，天津共先后设有外商银行20家。除外商银行外，还有一种中外合办银行，如中法实业银行（中法工商银行）、中华汇业银行、中华懋业银行等。由于当时天津的对外贸易被洋行垄断，外商银行在天津金融市场上有着举足轻重的地位。

民国前期，华资银行快速发展，成为天津金融市场的重要力量。1912年，在大清银行的基础上成立了中国银行，大清银行天津分行同时改为中国银行天津分行。自1915年至20世纪20年代初，天津成立了多家华资银行，形成了一个兴办银行的高潮。1916年，中孚银行在天津成立。此后几年在天津设立的银行有金城银行（1917年）、大陆银行（1919年）、大中银行（1919年）、中国实业银行（1919年）、大生银行（1919年）、边业银行（1919年）、裕津银行（1921年）等。

国内一些重要的商业银行也陆续在津设立分行，如浙江兴业银行（1915年，在天津成立分行时间，下同。总行设于杭州）、盐业银行（1915年，总行初设于北京，1928年移至天津）、山西裕华银行（1915年，总行初设于山西太谷，1927年

"北四行"组建的四行储蓄会天津分会

移至天津）、聚兴诚银行（1918年，总行设于重庆）、东莱银行（1919年，总行初设于山东青岛，1926年移至天津）、上海商业储蓄银行（1920年，总行设于上海）、中南银行（1922年，总行设于上海）等。这一时期，天津金融市场的重要银行都已成立，基本奠定了民国前期天津华资银行体系的基础，其中，中国银行、交通银行处于核心地位。由盐业银行、金城银行、中南银行、大陆银行组成的"北四行"，其活动中心在以天津为中心的北方地区，在天津有着重大的影响力，与活动中心在江浙的"南三行"（浙江兴业银

行、上海商业储蓄银行、浙江实业银行)遥相呼应。到1925年,在天津设总行的银行有14家,当时全国共设有银行141家,其中上海33家,北京23家,天津紧随其后。1927年,南京国民政府成立,政治重心南移,对北京、天津的金融业产生了较大影响,一些银行将总行由北京、天津迁往上海,天津金融实力受到一定削弱,但仍为重要的区域金融中心。1936年,天津总分行合计达70家,远超重庆(29家),仅次于上海,居全国第二位。华资银行较快发展的根本原因是经济因素。天津对外贸易规模的进一步扩大,需要银行的资助,而这一时期近代工业的发展更需要银行的融资。第一次世界大战及以后一段时间是天津银行业兴办的高潮时期,同时也是天津的民族工业,如纺纱、面粉、水泥、化工等工业兴办的高潮时期,这充分说明了工业的发展和金融业之间密切的内在联系。天津的银行业还对华北各地的矿业、棉纺织业给予支持。

20世纪二三十年代,天津初步成为北方贸易和金融中心。但日本侵华战争对天津金融业造成重大损失,天津逐渐失去中心地位。日本全面侵华后,天津很快沦陷,日本为实施对华北的经济掠夺和金融统治,在极力破坏中国货币金融制度同时,以伪中国联合准备银行为基础,建立为其所控制的货币金融体系,使集聚在租界的外资和华资银行举步维艰。太平洋战争爆发后,英、美等外资银行和保险公司纷纷撤离,银行业务缩减,金融市场萎缩。抗战胜利后,国民政府陆续成立了中央银行、中国银行、交通银行、中国农民银行、中央信托局、邮政储金汇业局、中央合作金库,简称"四行二局一库"。天津金融行业受其所控,在风雨飘摇中步履蹒跚。

1949年1月15日,天津解放。当日,中国人民银行天津分行成立。在中国人民银行和天津市军事管制委员会领导下,天津金融业掀开了新的篇章。

追昔抚今,鉴往知来。在近百年的勃兴发展历程中,天津近代金融承载了支持民族实业发展、突破外国列强封锁打压的历史重任,展现了改革创新、锐意进取、敢为天下先的蓬勃朝气,孕育出东西合璧、开放包容、海纳百川的独特气质。本书将深入发掘近代天津金融发展历程,选取具有典型性和代表性的案例和人物,从金融机构、金融业务、金融支持民族实业故事和金融人物四个方面,向读者展现了天津金融鲜明的文化特质和深厚的文化底蕴。

第一章 岁月流"金"
——近代天津知名金融机构

近代天津的金融机构，主要设立在法租界中街和英租界的维多利亚道（今解放北路）及其附近街区。解放北路见证了历史上天津金融业的辉煌和曲折，被誉为近代天津的"金融街"。

第一节 国家银行

一、中国银行天津分行

中国银行于1912年1月28日由大清银行改组成立，总行设于北京西交民巷，当年10月即在天津设立分行，行址在法租界7号路24号（今解放北路与赤峰道交口）。1920年8月，中国银

1918年，中国银行天津分行迁往法租界8号路新址

行总处设立集中行,天津分行被指定为北方地区的集中行,代表总处、总司券行使职权,主持北方地区的金融业务。1937年七七事变以后,中国银行天津分行因设在租界,仍继续营业。1942年日军侵占租界,中国银行天津分行被强行接收。抗战胜利后,于1945年12月复原接收,行址在第十区中正路(今解放北路)。1949年1月15日天津解放后,该行被天津市军事管制委员会接管部接收。

北洋政府时期,中国银行天津分行主要经办国库收支,接办金库,主管中央政府项下的本息偿付,经办关税、盐税、地税等业务。1913年至1916年,天津地方政府收支的3/5归中国银行天津分行经办。中国银行天津分行作为以经营外汇业务为主的专业银行,业务具有独特之处,如为扩大出口货源,扶持内地土特产外运,该行曾拨专款100万元用于内地押汇业务,并在华北各省分支行设立仓库,各地客商可就地办理抵押贷款、押汇贷款、打包贷款和出口押汇贷款,为贸易商提供方便的同时,也促进了存放汇业务的发展。

二、交通银行天津分行

交通银行成立于光绪三十四年(1908),总行设于北京。交通银行天津分行同年成立,行址先设在北马路,继而迁至法租界5号路(今吉林路)和6号路(今哈尔滨道)拐角处,后又迁至4号路(今滨江道)。1937年七七事变后,该行因地处租界仍继续营业。1942年日军占领租界后,交通银行天津分行被强行接收。抗战胜利后,于1945年12月复原接收,行址设在第一区滨江道48号(今滨江道与吉林路交口)。1949年1月15日天津解放后,该行被天津市军事管制委员会接管部接收。

交通银行天津分行作为以发展实业为主要职责的专业银行,在经营方面侧重于投资实业。如,1947年4月中本纺织股份有限公司从重庆移至上海设厂,增资80亿元,交通银行天津分行投资8亿元。同年,交通银行总管理处对财政部中国盐业股份有限公司(总公司设于天津)认股30亿元,其中天津分行投资5亿元。交通银行天津分行除和总行联合投资外,还单独向中兴轮船公司、天津航业公司合组的渤海航运仓库公司投资3亿元,向中国农业器械公司投资4亿元,向天津证交所投资1亿元。

三、中央银行天津分行

中央银行天津分行

南京国民政府中央银行于1928年11月1日在上海正式成立。1931年4月10日,中央银行天津分行成立,行址在英租界中街(今解放北路)。1935年,中央银行天津分行被厘定为一等分行,主持华北地区各分行业务。1937年七七事变后,中央银行天津分行撤离。1945年抗战胜利后,中央银行天津分行于原址复业。1949年1月15日天津解放后,该行被天津市军事管制委员会接管部接收。

中央银行根据国民政府颁布的银行法规定,行使中央银行职能,办理中央银行各种兑换业务及各种兑换券的发行等业务。1934年,中央银行天津分行曾在津发行加印天津地名的纸币。1935年11月国民政府实行法币政策后,该行负责接收天津各发行银行所发兑换券的现金准备、保证准备及未收回的新、旧钞票,并继续办理收兑业务。

第二节 地方银行

天津官银号

光绪二十八年(1902),北洋天津银号设立,俗称天津官银号、天津银号,成为天津第一家新式银行,号址设在东北角三义庙处,北洋银元局总办周学熙兼任督办。周学熙掌管北洋银元局铸币权,每年从北洋银元局所得款项

天津官银号

中扣除40万两充作官银号资本,增强官银号实力。

天津官银号是直隶省财政机关银行,全省官金均在此行办理,直隶公债也由其支配和统辖。官银号以"维持市面,振兴实业"为开办宗旨,主要金融活动为承拨北洋铸币,平抑市价,维护铜元币值,发行银元、钞票,兑换现银,办理汇款,管理行政经费等。一方面,它借助公帑开展社会储蓄和发行银两票、银元票、钱票业务,聚集大量官民资金;另一方面,又以低息放款方式将集聚的资金借垫于官营和民营实业,成为北洋实业与天津早期资本主义工商业创业和发展的重要金融支柱。

1910年,在北洋政府财政部的主持下,天津官银号改组为直隶省银行,并发行纸币。1929年,直隶省银行重组为河北省银行。1949年1月,

天津解放后,该行被天津市军事管制委员会接管部接收。

第三节 官商合办银行

一、中国通商银行天津分行

中国通商银行由清督办全国铁路事务大臣盛宣怀创办于光绪二十三年(1897),总行设在上海,是我国自办的第一家银行,也是我国第一家发行纸币的商业银行,发行期达38年。中国通商银行成立的第二年即在天津设立分行,地址在东浮桥北沿河马路大摆渡口附近(今狮子林桥西侧)。光绪二十六年(1900),八国联军入侵天津,该行由于蒙受大量呆滞放款损失。1905年,因故被撤销。1937年,中国通商银行筹划两次在天津设立分行,因七七事变而中辍。1947年,原中国通商银行宝鸡办事处撤销后迁至天津,改为天津分行。

1949年1月15日天津解放后,中国通商银行天津分行被天津市军事管制委员会接管部接收。1951年初,为恢复和发展天津工商业,中国通商银行天津分行积极开展对工商业贷款业务,并大力支持联管联营和公私合营等工作,带头参加公私合营,起到示范作用。

中国通商银行发行的货币

二、新华信托储蓄银行天津分行

　　新华信托储蓄银行,原名新华储蓄银行,由中国银行、交通银行合拨资金100万元,于1914年10月20日联合创办,总行设于北京。1925年改名为新华商业储蓄银行。1931年改组为新华信托储蓄银行,总行迁设上海,由官办转为商办。1948年11月改名为新华信托储蓄商业银行。

　　1917年5月,新华信托储蓄银行天津分行设立,行址在法租界7号路(今解放北路)。1935年末迁入法租界中街新华大楼(今解放北路14号)。新华信托储蓄银行天津分行内部设信托部、储蓄部。信托部主要

新华信托储蓄银行天津分行

办理定期存款、活期存款、各项放款、汇兑、代理买卖各种证券及中国公司股票、经营房地产和仓库业以及代理收付款等；储蓄部主要办理生活储金、人寿储金、教育储金、存取两便储金、零存整取储金、整存整取储金、整存零取储金及存本付息储金等。1921年，该行发行流通储蓄金券，在京、津、沪三地流通甚广。该行储蓄种类繁多，手续简单方便，服务热情周到，深受客户欢迎。

第四节　商业银行

一、盐业银行

盐业银行是北洋政府以收取盐税支撑政府财政为目的，由原长芦盐运使、财政部参政张镇芳等筹办的。盐业银行于1915年3月26日成立，总行设于北京，当年5月29日，盐业银行天津分行成立。1928年8月，盐业银行总行迁到天津，行址在法租界8号路（今赤峰道12号）。1934年6月，盐业银行总行又迁往上海。

盐业银行创立时为官商合办，资本额500万元，其中官股200万元，而开业时实收64万元,其中官股只有10万元。1917年,该行改为商办,1923年增资为1000万元,实收700万元,成为全国商业银行之冠。1952年12月,该行参加全行业公私合营,与其他银行、钱庄一起组成统一的公私合营银行。

盐业银行

　　盐业银行设立后经收天津地区全部盐税,办理存放款、汇兑、储蓄等商业银行业务。该行与北洋政府、国民政府关系密切,多放款予财政部、交通部、铁道部和地方政府各部门,尤其是有关长芦盐业的借款。投资政府公债是盐业银行盈利的一个重要增长点,因为政府公债收益率高,有政府信誉担保,是一种较稳妥的投资方向。另外,购买美国纽约证券市场股票、债券等有价证券也是盐业银行的重要投资渠道。盐业银行通过借款为兴修铁路和开办电话局提供了支持,并借款给天津的纺织业、面粉业、航运业,助力天津经济发展。

专栏——品味小洋楼

原盐业银行大楼

原盐业银行大楼位于法租界8号路（今赤峰道12号），由华信工程司建筑师沈理源设计，建于1926年。盐业银行旧址占地面积约3174平方米，建筑面积约6244平方米，建筑形式为罗马古典复兴形式，以半地下室为台基，一二层为六根罗马混合式巨柱式贯通的空柱廊。罗马混合式柱头上的圆形涡卷纹，以中国方形回纹来代替，将东西方文化结合得十分巧妙。大门入口两旁各有一根壁柱及一根带有回纹的混合式巨柱，沿街立面另一拐角处运用同样的立面处理，形成一个镂空柱廊。该建筑经国务院批准为全国重点文物保护单位。

从转角入口上八级台阶进入营业大厅,大厅的柜台沿大厅三面设置,另一面为正八角形的会客室,在中间形成长八角形的空间。厅内顶棚用黄金等材料制成"蓝天飞凤满天星"图案。顶棚中间为蓝天,四角有凤凰的浮雕像。地面均用意大利进口大理石铺地,设有用白大理石雕刻的座椅。柜台内顶棚配以小八角形藻井,镶嵌彩色玻璃。营业大厅内沿两侧柜台处各有四根科林斯式圆柱。大厅两端各有四根方柱,使整个营业大厅显得雄伟庄重、富丽堂皇。营业大厅西北为楼梯间,其窗户镶有盐滩晒盐及帆船运盐景象的彩色玻璃,呼应了盐业主题。

二、金城银行

金城银行为中国近代银行家周作民于1917年5月15日创办,最早总行设于天津,行址在法租界7号路(今解放北路),后于1921年2月迁至英租界维多利亚道(今解放北路),其主要股东多为军阀官僚,是我国当时规模最大、经营管理最完善、影响力最大的私营商业银行之一。

金城银行

金城银行是"北四行"的主要支柱。该行的股本资金主要来自北洋军阀和官僚,开办时原定资本200万元,实收50万元,至1919年收足,并增资到500万元,1923年再次增资为1000万元,截至1927年4月实收700万元。1917—1935年期间,金城银行曾在北京、上海、汉口、大连、哈尔滨、南京、青岛等地设有分行,在蚌埠、包头、张家口、绥远、武昌、苏州、郑州、常熟、长沙、定县、潼关、许昌、新乡等地设有办事处。1936年金城银行总行迁往上海,原天津总行改为分行。1952年12月,该行参加全行业公私合营,与其他银行、钱庄一起组成统一的公私合营银行。

金城银行积极开展储蓄业务,大力吸收工商企业、教会、教育界、医药界的存款以及社会闲散资金。1936年该行存款达1.83亿元,一度超过上海商业储蓄银行,居私营银行首位。金城银行开办初期也经营各种政府债券,承担对政府借款,其主要业务特点是放款给工商企业。

金城银行1927年前的放款总额中近代工矿企业占有较大的比重,1919年为17.06%,1923年为31.96%,1927年为25.55%,主要集中在棉纺织、化工、煤矿、面粉等行业的重点企业,尤其是天津企业,如恒源、裕元、裕大、宝成、华新等纱厂,久大精盐和永裕制盐公司,寿丰、寿星、大丰、庆丰等面粉厂,六河沟、龙烟、正丰、中兴等煤矿公司。除此之外,还有对京汉、津浦、京绥和陇海铁路的放款,铁路放款的金额占放款总额的比重,1919年为3.96%,1923年为6%,1927年增长到14.65%。金城银行也比较重视对商业的放款,其放款金额占放款总额的比重,1919年为31.6%,以后逐年减少,1923年为18.86%,1927年下降到15.74%,主要是放款给该行附属事业和投资人经营的商号。金城银行还以购买股票的方式投资中国银行、交通银行、中南银行、盐业银行、大陆银行、中国兴业银行等,并投资与放款有关联的企业。南京国民政府建立后,金城银行经营重心逐渐向新的政治经济中心迁移,以期与政府、江浙财团有更为密切的联系,在工商业放款和投资业务方面,无论是金额、增长幅度,还是范围和规模,都有很大的发展,更重视同业间的合作,也扩大了对上海等地南方工业企业的放款。同时,金城银行还直接投资一些工矿企业,并参与经营管理,以保证资金运用的安全。20世纪30年代后,天津已经是抗日战争的前沿之一,金城银行总行于1936年迁到上海,其放款投资业务也进一步向上海、武汉等南方城市转移。

金城银行总经理处关于搭放借款事宜致津行的函

（1937年1月20日）

照抄总处业字第五号来函

径启者：

关于京赣铁路宣贵段借款总额国币1400万元，我行承借200万元，其重要约件前经抄寄在案，我行部分津行搭放30万元。此次第一期交款业于本月十六日在京交讫，就中津行应按成分搭放之数，兹已嘱由沪行报付尊账。嗣后每期交款，并嘱其先与各搭放行接洽办理。统希察照洽理为幸。此致

津行

金城银行总经理处　启

民国二十六年一月二十日

专栏——品味小洋楼

原金城银行大楼

原金城银行大楼位于今解放北路108号，由德国建筑师贝克·培迪克设计，始建于1908年，德国汉堡市阿尔托纳区F.H.施密特公司施工，建筑面积5933平方米，为砖混结构二层带阁楼层西式楼房。始建

时为德华银行天津分行,后改为金城银行所用。

　　该建筑采用高坡复折四坡屋顶的混合结构。底层立面中央用四根粗壮的立柱支撑,入口大门处用两根类似罗马多立克柱支撑一个短的檐部。檐部上面由两根牛腿支撑着二层出挑的阳台。二层中央立面用四对带有中国回纹柱头的双柱和两根粗壮的牛

腿共同支撑着二层的檐部。二层阳台铁栏杆上的花纹十分精细，除回纹外还有洛可可式的花纹。楼顶部的山墙和高坡复折四坡屋顶体现了典型的德式风格，山墙内开有三扇老虎窗。

1937年，由华信工程司建筑师沈理源对银行内部适当地加以改造。建筑内部装饰精美，楼梯间的木栏杆雕刻精细，楼梯间窗户的彩色玻璃色彩鲜艳。由于当时上海、天津很多银行都采用折中主义的形式，所以该建筑也多处采用了回纹，设计精巧，别有风采。该建筑是天津市文物保护单位，属于重点保护等级历史风貌建筑。

三、大陆银行

大陆银行由银行家谈荔孙联合冯国璋、张勋等军阀官僚出资设立。1918年9月开始筹建，1919年4月开业，总行设在天津法租界6号路（今哈

大陆银行

尔滨道),资本初定200万元,实收100万元;1926年扩充为1000万元,实收750万元;1930年增资收足1000万股本。1936年,大陆银行总行迁往上海。民国时期的大陆银行是在国家银行、外资银行夹缝中生存的私营银行,在坚持稳健的经营方针的基础上,其凭借灵活而规范的管理制度成为商业银行的典范。1952年12月,该行参加全行业公私合营,与其他银行、钱庄一起组成统一的公私合营银行。

1919年,大陆银行在京、津、沪三地分行设立保管、信托专部,为市民保管贵重物品,开展买卖股票和有价证券等业务。1922年夏,又于各分行内部设立储蓄专部,并开办了许多附属机构。大陆银行除办理一般商业银行业务外,兼办保管、信托、仓库事宜。该行仓库业务在各家银行中独具特色,1925年在天津建立大型仓库3处,租赁1处,大量存放商品货物。与此同时,大陆银行还在上海、汉口办理仓库业务,规模仅次于天津。另外,大陆银行还开展慈善救济事业,设立中学会考奖学金及免收学费汇税,支持教育事业。

位于海河畔的大陆银行仓库

专栏——品味小洋楼

原大陆银行大楼

原大陆银行大楼位于法租界6号路(今哈尔滨道),建于1921年。该建筑为砖混结构三层楼房,占地面积约2021平方米,建筑面积约4895平方米,方形门窗,水刷石外墙,呈现欧式建筑风格。

四、中南银行天津分行

中南银行成立于1921年6月,总行设在上海,资本额初定为2000万元,实收500万元,主要投资人是南洋华侨黄奕住。该行取名"中南",有中国与南洋华侨合作之意。该行成立后,黄奕住任董事长,原交通银行北京分行经理胡笔江任总经理。1922年7月5日,中南银行天津分行设立,行址在英租界中街(今解放北路)10号,总行拨200万元作为营运基金。1952年12月,该行参加金融业全行业公私合营,与其他银行、钱庄一起组成统一的公私合营银行。

中南银行天津分行

中南银行因其大股东为南洋华侨,政府"为鼓励侨商回国经营实业起见",特授予该行纸币发行权。中南银行"为慎重政府赋予发行权及维持社会钞票流通之信用",效仿英国五银行联合准备发行钞票的办法,将中南银行钞票交由金城银行、盐业银行、中南银行、大陆银行等四行联合发行,制定"十足准备"的发钞原则,并设立四行准备库,办理发行、兑现业务。1922年11月1日起,四行准备库在天津发行中南银行钞票1元、5元、10元、50元、100元五种面额的兑换券,至1935年币制改革前,在天津地区共发行钞票1256.8万元,其中中南银行天津分行发行421万元。

专栏——品味小洋楼

原中南银行大楼

　　原中南银行大楼总体为古典主义风格,设计者受当时欧洲探新运动的影响,把古典主义建筑的部件进行简化,但仍受古典主义三段式的影响。1938年在原来两层钢筋混凝土框架结构兼地下室一层的基础上增建了第三层。在改造时因未找到原来的设计图纸,由华信工程司建筑师沈理源重新测绘后设计。该建筑以半地下室作为台基,一、二层为柱身,半圆的柱子已完全简化,没有柱头,转角处的柱础呈小八角形,柱墩亦呈小八角形。主要入口的二层顶部建有半球形的钢筋混凝土穹顶,外装镂花金属花饰。

　　大楼内部受维也纳分离派的"整体简洁,集中装饰"主张的影响。从入口门廊进入大门厅,再经由多扇二道门进入营业大厅,营业大厅中央用四根柱子支撑着三层大梁,并用栏杆围合,形成围廊。三层空间用墙与窗合围,从而形成底层地面直通三层玻璃穹顶的高大空间。营业大厅四周设有经理室、接待室、会计室,二层回廊四周设有会议室、办公室等,三层为职工宿舍等。该建筑为天津市文物保护单位,属于重点保护等级历史风貌建筑。

五、东莱银行

　　东莱银行创建于1918年2月1日,原始资本20万元,总行设在青岛,天津、济南、上海、大连设有分行。其中天津分行于1919年设立,行址始在宫北信成里,1921年迁至宫北大狮子胡同,1925年迁至法租界21号路(今和平路)。1923年2月,东莱银行改组为股份有限公司,增资到300万元。1926年2月,东莱银行总行移至天津,天津分行改为总行。1933年9月,东莱银行总行又移至上海,天津东莱银行改为分行。1952年12月,该行与天津其他银行合并成立中国公私合营银行天津分行,实行全行业公私合营。

东莱银行主要办理存款、放款、汇兑、外币兑换和有价证券买卖业务。该行创办人刘子山曾被称为"华北首富",他支持长子刘少山购进被誉为"旷世奇书"的宋刻孤本《楚辞集注》和《百川学海》等大量珍贵藏书并妥善保存和转移,躲过了侵华战争期间日本人的伺机掠夺。1952年9月,这批在上海封存了4年的图书再次被运回天津东莱银行,正式捐献给国家,现藏于国家图书馆。

东莱银行天津分行大楼

六、浙江兴业银行天津分行

1907年5月27日,浙江兴业银行由浙江铁路公司创建成立,总行设在杭州,同年设汉口、上海分行。1915年浙江铁路公司收归国有,浙江铁路

浙江兴业银行天津支行

公司的股份转由私人商业资本承受,浙江兴业银行进行改组,上海分行改为总行。同年10月24日,浙江兴业银行天津支行成立,行址在宫北大街（今古文化街）。1921年天津支行改为天津分行,1925年天津分行迁到法租界21号路（今和平路）与26号路（今滨江道）交口。1952年12月15日,该行与天津其他银行合并成立公私合营银行天津分行,实行全行业公私合营。

浙江兴业银行在1935年前享有兑换券发行权,1923年,浙江兴业银行天津分行发行加印浙江兴业银行天津地名券1元、5元、10元等面额共计3个版别。浙江兴业银行以"准备充足,信用为上"为经营方针,业务发展稳扎稳打,从1918年到1926年,银行存款总额曾五度在全国各大商业银行中居首位。该行除办理一般商业银行业务外,兼办代理、租赁、仓库事宜。浙江兴业银行天津分行主要业务为存款、放款和汇兑,并兼营各种货币买卖及仓库业务。

七、四行储蓄会天津分会

1923年1月,中南银行、盐业银行、金城银行、大陆银行等四家银行联合成立四行储蓄会,总会设在上海。在天津、上海、汉口分设储蓄会。6月1日,天津储蓄会成立。四行储蓄会的基本储金100万元,四家银行各投资25万元,专门办理储蓄业务。天津分会设在英租界维多利亚道(今解放北路)。

四行储蓄会天津分会

四行储蓄会的构建是近代华资私营银行的一个重要的制度创新,在一定意义上可视为私营银行发展初期的信用联合,其建立本意是在外资银行的夹缝中寻求华资银行的立身之地,通过合作来实现华资银行的不断壮大。这种银行间的联营举措是中国金融史上的一个创举,它不仅提高了参与联合的私营银行的信誉和实力,还极大地降低了它们本应独自承担的运营风险,为华资银行谋求了更大的发展空间。

四行储蓄会储蓄业务分定期储金、分期储金、长期储金、特别储金、活期储金、保管公益款项、满期储金等种类。定期储金利率规定为年息7厘,每半年办理决算一次。分配盈余时,先提基本酬金,再提公积金、会员红利及职员酬劳金。利息7厘加会员红利合计最高为1分1厘7毫,最低为8厘7毫。此举措深受存款人欢迎。四行储蓄会开业后储蓄存款逐年增长。1923—1936年,四行储蓄会各项储金总额达9000余万元,成为当时全国储蓄量最大的储蓄银行。该行储蓄存款主要用于工商业抵押放款、购买公债及各种有价证券和同业拆借。1937年日本发动全面侵华战争,该行业务逐渐萎缩。

四行储蓄会天津分会至今还流传着一段爱国故事。1922年12月,清

逊帝溥仪大婚无钱操办,遂将乾隆八十大寿时各地耗用13600多两黄金铸造的16只金编钟抵押给北京盐业银行,借款40万,后到期未赎。九一八事变后,北京盐业银行于1932年将此国宝秘密运至天津盐业银行。七七事变后天津沦陷,1940年天津盐业银行总经理陈亦侯与天津四行储蓄会总经理胡仲文冒险将金编钟藏匿在四行储蓄会大楼,躲过日军掠夺。1945年抗战胜利后,该国宝又躲过了孔祥熙、戴笠等人的追寻。直到天津解放后,1949年1月18日受陈亦侯之托,胡仲文将金编钟上交天津市军管会,"天朝绝响"才又重现于世。

专栏——品味小洋楼

原四行储蓄会天津分会大楼

四行储蓄会天津分会旧址位于英租界维多利亚道(今解放北路147号),建于1923年,建筑面积约1590平方米,为砖混结构三层建筑。首层立面有一个拱券门、两个拱券窗,二层分立四根爱奥尼克立柱,顶部出檐,设计简洁,装修精美。该建筑是天津市文物保护单位,属于特殊保护等级历史风貌建筑。

第五节 外商银行

一、汇丰银行天津分行

英国汇丰银行创办于1864年,总行设于香港。光绪八年(1882),汇丰银行天津分行在英租界宝士徒道(今营口道)海关的对面正式营业,是最早在天津设立的外国银行。1925年迁入英租界中街新楼(今解放北路86号)营业,直至1941年太平洋战争爆发,被日军接管停业。1945年抗战胜利后,在原址恢复营业,至1954年撤离。

汇丰银行在天津开设分行后,借助天津毗邻北京的地利之便,与当时的清政府保持密切关系。汇丰银行天津分行借给清政府款项多达白银3.38亿两,取得了清朝财政收入两大税源——盐业与海关的总管权。汇丰银行天津分行掌管着天津的国际汇兑业务,把持着外商国际汇兑银行公会和外汇经纪人公会,天津每天的外汇牌价都是以汇丰银行挂牌为准。1934年,天津共有外商银行17家,资产总额约43613万元,其中汇丰银行天津分行就占到了18%。

> 专栏——品味小洋楼

原汇丰银行大楼

原汇丰银行大楼位于英租界中街(今解放北路86号),为1925年重建的汇丰银行天津分行大楼。该建筑于1924年由阿

特金森及达拉斯主办的同和工程司设计,设计者为该工程司的苏格兰建筑师伯内特,1925年建成,占地面积约4400平方米,建筑面积约5539平方米。该建筑设计风格为希腊古典复兴式,东立面入口为四根爱奥尼克巨柱式门廊,立面三段划分明确,有台基、柱子和檐部,檐部与柱高比约为1:4,檐部上部为三角形山花图案。两侧旁门有两根塔什干式圆柱承托的带有短檐部的门廊。各入口处均为花饰铜大门,南立面是八根爱奥尼克巨柱式门廊,中央突出的四根爱奥尼克巨柱式柱廊,形式与东立面柱廊相同。中央柱廊两侧均有略向后退的两根爱奥尼克巨柱式的空柱廊,从而使中央柱廊更为突出。

营业大厅屋顶为券柱式结构,中央采用井字梁,配以双层玻

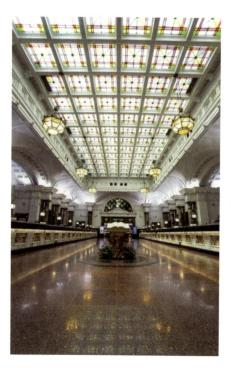

璃顶棚,在井字梁天花内镶嵌钢丝网彩色玻璃。柜台外采用大理石地面,柜台内为软木地板,由美国肯尼迪公司安装。大厅四周有办公室、保险库、账库、卫生间等,二、三层有办公室、会客室、宿舍等。地下室建有金库及保险库。由于解放北路与大同道为斜交,故入口门厅布置成椭圆形,巧妙地使入口门厅与营业大厅的轴线不在一条直线上,又不为人们所察觉。

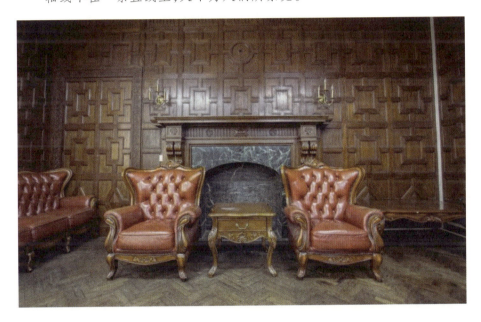

二、麦加利银行天津分行

英国麦加利银行亦称渣打银行,创办于1853年,总行设于英国伦敦。光绪二十一年(1895),麦加利银行天津分行在英租界维多利亚道(今解放北路153号)开业,1925年在原址建成新楼。1941年太平洋战争爆发后,麦加利银行天津分行被日军接管。1945年抗战胜利后,该行在原址恢复营业。1956年清理歇业。

麦加利银行天津分行

麦加利银行天津分行设有洋账房与华账房。当时,天津英美烟草公司在经营当中发生的借贷、储蓄、税金的暂存及资金汇兑,往往由麦加利

麦加利银行在天津发行的纸币

银行天津分行代理。由于资金数额较大,故该公司成为麦加利银行天津分行的主要业务户,两家以海外发展为主的企业往来十分频繁,成为长期合作的伙伴。麦加利银行天津分行经营范围甚广,下设出口部、入口部、电汇部、汇兑部、出纳部和流水账部等,主要办理定活期存款、放款、汇兑信用证、外汇买卖业务等。另设保管部和信托部,代客保管一切物件、募集债券、发行和买卖证券及其他受托事项。1933年,麦加利银行天津分行资本、公积金和各项存款总计约占总行的7%,达到347.4万元。

专栏——品味小洋楼

原麦加利银行大楼

原麦加利银行大楼位于英租界维多利亚道(今解放北路153号),1924年由景明工程司英国设计师赫明和伯克利设计,1925年建成。该建筑为钢筋混凝土框架结构,二层带半地下室,占地面积约2259平方米,建筑面积约5933平方米,呈西洋古典风格,整体建筑宏伟庄重。大楼基座用花岗岩砌筑,入口在解放北路,立面为六根爱奥尼克巨柱式空柱廊,其中两侧柱子是3/4圆柱,柱廊两侧为长方形水泥砌块。太原道沿街立面也为六根爱奥尼克式巨柱形成的空柱廊,但用的是3/4圆的爱奥尼克壁柱,整个立面受古典主义三段论影响明显。门外台阶两侧各有一个西式大花钵,花钵下的水泥柱墩以粗铁索连接成栏杆,形成一个小空间,华丽而典雅。

营业大厅面积约651.2平方米,呈短L形布局,配有钢门窗、木制旋转门,豪华大方。该建筑为天津市文物保护单位,属于特殊保护等级历史风貌建筑。

三、横滨正金银行天津分行

日本横滨正金银行于1880年创办,总行设于日本横滨。光绪二十五年(1899),横滨正金银行天津分行在英租界中街(今利顺德饭店内)开业。光绪二十七年(1901)迁至英租界中街8号(今解放北路80号),1926年在该地建新楼营业。1937年七七事变后,该行受日本政府指令扶植成立伪中国联合准备银行。1945年7月31日,日本储蓄银行天津分行所有资产负债并入横滨正金银行天津分行。1945年8月日本投降后,该行由中国银行天津分行接收。

横滨正金银行天津分行

横滨正金银行天津分行设支配人席(经理)、秘书课、预金课(存款)、送金课、输出入课(只办理对华中、华南交易)、贷付课、电信课、计算课、庶务课、考查课和华账房。该行自开设至1937年,名义上以国际汇兑为主要业务,实际上是依靠清政府和北洋政府的借款关系以及大量吸收清朝贵族、北洋军阀的"保价存款"而发达起来。该行曾扶植日本的洋行、会社开展在华业务,支持在天津的日本军工及特务活动,为日本侵华战争提供了很大的财力支持。

专栏——品味小洋楼

原横滨正金银行大楼

原横滨正金银行大楼位于英租界中街(今解放北路80号),建于1926年10月,由英商阿特金森和达拉斯经营的同和工程司设计,设计者为该公司的苏格兰建筑师伯内特,由华胜建筑公司施工。该建筑占地面积约2830平方米,建筑面积约3150平方米,是欧洲新古典主义风格,古典主义三段论明确,构图严谨。正立面是八根科林斯巨柱式柱廊,两端用壁柱收尾,正立面上下两层窗间墙用金色雕花铜板装饰,整个檐部高与柱身比约为1:4。入口设首层,中央为金色雕花铜板装饰大门,花岗岩墙面,建筑整体稳重、华丽。

　　横滨正金银行大楼建筑平面为矩形,功能分区明确,首层是300平方米的营业大厅。大厅中央顶部为双层玻璃顶棚,下层为九格井字梁,嵌彩色玻璃,既美观又可为大厅采光。大厅顶部有机械通风设备,利用营业柜台做管道,将地下室通过天然冰冷却的空气排入大厅。该建筑为天津市文物保护单位,属于特殊保护等级历史风貌建筑。

四、花旗银行天津分行

花旗银行创建于1901年,总行设在美国纽约。1916年,花旗银行天津分行开业,当时注册资本300万美元,行址初设在英租界中街(今解放北路)的道济洋行旧址,1921年迁入英租界中街66号新楼。1941年太平洋战争爆发后被日军接收而停业。1945年抗战胜利后,恢复营业,取代了英国汇丰银行成为天津外商银行中的霸主。1949年天津解放后,该行停业撤离。

花旗银行天津分行主要为美国商人对华贸易的金融周转业务提供多方面服务,它的主要往来客户绝大多数是经营中美贸易的进出口企业。1933年,花旗银行天津分行资本、公积金和各项存款总计7016.5万元。

天津花旗银行支票

花旗银行在天津发行的纸币

花旗银行变更外币储蓄账规章的通知

（1941年2月28日）

专栏——品味小洋楼

原花旗银行大楼

原花旗银行大楼位于英租界中街(今解放北路)66号,主楼三层,西洋古典复兴式建筑,设有地下室。正立面有四根爱奥尼克柱,构成开放式柱廊,廊前砌筑欧式台阶。该建筑为天津市文物保护单位,属于特殊保护等级历史风貌建筑。

五、华俄道胜银行天津分行

华俄道胜银行于1895年创办,总行设在俄国圣彼得堡。起初由俄法两国合资,资本金为600万卢布。次年,李鸿章访俄期间与俄国签订《中俄密约》,约定"借地筑路"。随后,驻俄公使许景澄与俄议定《华俄道胜银行入股伙开合同》,迫使清政府从俄法借款项下拨出500万两白银作为投资,华俄道胜银行由此改为中俄

华俄道胜银行天津分行

合资,该行自此成为第一家清政府与外资合办的银行。1910年,该行与另一家俄法合资的银行——北方银行合并,改称俄亚银行,中文名称不变。1896年初,华俄道胜银行在天津设立分行,行址在英租界中街(今解放北路与大同道交口)。1926年,分行及总行一起倒闭。

李鸿章在1896年访问沙俄时于下榻处与中俄官员的合影

华俄道胜银行在华的一项主要业务是为修筑中东铁路筹集资金,从经济上掌控中东铁路。1903年,中东铁路全线建成通车后,铁路当局强行规定铁路客票、运费及税费一律收取沙俄在中国由华俄道胜银行发行的卢布——羌帖,羌帖流通量迅速增加,当时中东铁路沿线工商业者和一般居民均以羌帖作为计价和支付的手段。根据沙俄政府颁布的《华俄道胜银行条例》规定,华俄道胜银行还有权代收中国各种税款,有权经营与地方及国库有关的业务,可以铸造中国政府许可的货币,代还中国政府所募公债利息,敷设中国境内铁道和电线等项工程。该行还在华大量发行纸币,向旧中国政府提供政治贷款和铁路贷款等。

专栏——品味小洋楼

原华俄道胜银行大楼

原华俄道胜银行大楼由德国建筑师查理·西尔设计,后经几次改建,银行入口在马路转角处。该建筑采用了文艺复兴时期的穹顶及采光亭、罗马时期的圆拱券、巴洛克时期的曲线形尖山墙,综合了各种风格,属于折中主义建筑形式。

自大楼入口进入六角形的门厅,再经门厅内两侧的弧形台阶进入一层营业大厅。营业大厅为对称的短L形,两侧为办公室、接待室。二层为职工卧室、餐厅及会客室、音乐厅。半地下室为金库、账库等。该建筑为天津唯一采用穹顶、采光亭的建筑,是天津市文物保护单位,属于特殊保护等级历史风貌建筑。

六、东方汇理银行天津分行

法国东方汇理银行于1875年创办,总行设于法国巴黎,该行与中法实业银行为姊妹行,两行董事互有参股。光绪二十四年(1898),该行在天津租用法租界西宾馆开设东方汇理银行天津分行,原始资金100万两白银。光绪三十四年(1908),该行在法租界中街(今解放北路73号)购地建造大楼,1912年建成后迁入营业。1945
年抗战胜利后,该行业务发展迅速,
在津取得外商银行的首席地位。
1956年该行宣告停业,是天津解放
后最后关闭的一家外商银行。

东方汇理银行天津分行的主要
业务范围是存款、放款、汇兑、贴现、
经营进口出口押汇和买卖外汇。
1913年,东方汇理银行天津分行曾
代表法国与英、美、德、日组成五国
银行团,与北洋政府签订相关合同,
借予袁世凯2500万英镑"善后大借款"。

东方汇理银行天津分行

第六节 中外合资银行

一、中法工商银行天津分行

中法工商银行的前身是中法实业银行。1912年,中华民国政府财政
拮据,代表法国利益的东方汇理银行抓住时机发来密函,主张两国联合资
本组织一家中法银行,以实业为前提,借此输入外资。时任财政总长熊希
龄认为"资本联合亦财政上救急之策",遂予赞成。1913年,以"发达实业"
为宗旨,以5000万法郎为资本(法方2/3,中方1/3)在法国正式注册成立中
法实业银行,总行设于法国巴黎。中法实业银行虽名义上为中法合办,但

实际上法方不仅攫取了经营管理实权,还取得了在中国发行纸币的特权。1919年,中法实业银行在天津开设分行,地址位于天津法租界(今解放北路)。1921年,中法实业银行因经营不善、营私舞弊、投机失败等原因破产。1923年,中法实业银行改组复业,更名为中法工商银行,但已失去纸币发行权。中法工商银行天津分行于1925年开业,至1948年停业。

中法工商银行天津分行主要业务范围有存款、买卖外汇和股票、汇款、借贷、代销法国彩票、有奖债券、发行钞票、企业投资等。

专栏——品味小洋楼

原中法工商银行大楼位于法租界中街西宾馆,即今解放北路78号,由法商永和工程司建筑师马利奎特设计,建于1933年,建筑风格为罗马古典复兴式,主楼为四层混合结构带半地下室,占

地面积约1567平方米,建筑面积约6240平方米。建筑物入口在马路转角处,设有10根科林斯巨柱构成的弧形空柱廊,空柱廊两侧为实墙,设有门窗。沿解放北路立面矗立4根科林斯壁柱,使立面主次分明。顶层双柱空柱廊配有瓶饰栏杆。主入口柱廊上方的中央三跨双柱空廊在三层上挑出,并用8对檐托支撑,使巨柱式空柱廊入口更为明显。

营业大厅面积213平方米,大厅内采用黑白相间马赛克地面和仿石砌墙壁。柜台内侧采用罗马陶立克圆柱6根、方柱2根,顶部装有彩色玻璃采光窗。该建筑为天津市文物保护单位,属于特殊保护等级历史风貌建筑。

二、华比银行天津分行

华比银行成立于1902年,总行设在比利时首都布鲁塞尔。1906年,华比银行在天津开设分行,行址在英租界怡和道(今大连道)。第一代天津华比银行建筑为二层砖木结构。1922年,华比银行购买邻侧原飞龙洋行,由比利时设计师沃卡特设计,拆除重建为三层带地下室的砖混结构楼房。华比银行天津分行由此迁入这座位于英租界中街(今解放北路)86号的新大楼。

1910年,华比银行在中国获得发行纸币权,发行5元、10元及50元三种面额纸币。1935年,国民政府公布《法币政策实施办法》后,华比银行随即对之前发行的纸币予以收回。华比银行天津分行除经营存款、放款、汇兑等一般银行业务外,还在中国着重投资铁路,专营承揽铁路借款。1949年天津解放后,其与东方汇理银行一度被指定为中国银行外汇买卖、汇兑业务代理行。

第七节 同业公会

一、钱业同业公会

嘉庆年间,钱商贾兆麟等人组织成立钱号公所,地址设在天后宫后院,以办理同业公共事宜为目的,没有具体章程,遇事时通知同业集体商讨,会员不足20家。光绪二十六年(1900),钱号公所改名为钱业公所,移至北马路办公。由于八国联军入侵天津,市面混乱,直隶总督取缔了现银贴水,致使90%的钱业机构相继倒闭,钱业公所停止了活动。光绪三十一年(1905),仅存的19家钱业机构成立钱业公会,拟定《钱业公会章程》,规定:"凡入会者,掌柜每逢三、六、九日来公会研究各事,以期集群策群力兴利除弊;各号倘有一切意外难防之事可到公会筹办,合群力争;对不入会者遇事概不闻问。"

宣统元年(1909),钱业公会改组,更名为钱商公会。1920年迁至北门里新会址。1928年,天津钱业一律统称银号,钱商公会修订的章程明确规定:"以维护同业利益,剔除同业积弊为宗旨;凡愿入会者,须有会员三人以上介绍,经全体董事审查合格方得为会员;公会经费由会员全体担负。"随着钱业的逐步没落,1951年3月,钱业与银行业合并成立金融业同业公会。1952年7月,钱业机构全部清理完毕,天津市金融业同业公会正式宣告解散。

钱业公所(即钱业公会)除了群策群力研究行业发展、解决会内矛盾以外,还对市面流通的宝银进行统一估价,组织同业拆息,制定申汇规定,公会在制定行业标准、组织业内互助、组建资金市场等方面发挥了重大作用。

二、银行业同业公会

1918年2月,由中国银行、交通银行等9家银行发起成立天津市银行公会,地址设在北门内大街。凡华资银行和中外合资银行注册设立已满一年,实收资本额在20万元以上,经二人介绍可参加银行公会成为会员。1920年,上海召开全国银行公会联合会议,天津银行公会派代表参加,此后参与了全国银行公会的历次代表会议。

1921年3月8日,经会员银行决议,依照《工商业同业公会法》,天津市银行公会改组为天津市银行业同业公会,有21家银行加入,会址迁至法租界32号路(今赤峰道41号)。抗战胜利以后,改称天津市银行商业同业公会,会址设在第一区中正路(今解放北路)24号,会员银行增加为41家。1949年1月15日天津解放后,天津市银行商业同业公会在人民政府领导下继续工作。同年10月,进行改组并得到市民政局批准登记。1951年10月25日,由18家私营银行和国家银行共同组成"天津市公私合营银行联合管理委员会",天津市银行业同业公会结束其历史使命。

天津市银行业同业公会的主要任务是办理银行业公共事项,以联络同业感情、维持行业公共利益、促进天津市银行发展、消除行业弊病为首要宗旨。此外,天津银行业同业公会还在组织同业贷款投资、组织同业稳定金融市场等方面发挥了重要作用。

三、外商火险公会

光绪二十六年(1900)前后,随着中外贸易量的增加,外商保险业务发展很快,为克服盲目竞争给各家保险公司带来的损害,天津外商保险业效仿上海组建了天津火险公会。天津火险公会实际上统领北京、河北、山西、内蒙古等地的外商保险业,其所订《华北火险费率书》在东北地区亦参照执行,因此,世人也称之为华北火险公会。

自天津火险公会成立后,天津各外商保险公司开始使用统一的英文保险条款、费率、经纪人佣金率及代理佣金率等。天津外商保险业进入一个独立经营、协调竞争、互利发展的时期。在此期间,日本、美国和瑞士等国的保险公司纷纷来津设立代理处和分公司。天津火险公会成立后,同业之间的竞争并没有减少,而是愈演愈烈,经纪人佣金率直线上升,到1936年时,经纪人佣金率(亦称折扣)竟高达80%。1929年,天津外商保险业组织的天津火险公会开始接受华商公司为会员公司,从此外商保险业开始接受华商保险公司的分出再保险业务。天津金城银行创办的太平保险公司率先加入外商组织的火险公会,并依靠瑞士商保险公司接受承保溢额进行再保险后,业务得到发展。此后,其他华商保险公司相继效仿,纷纷加入天津火险公会,依赖天津的外商保险公司,展业受天津火险公会制定的费率、代理佣金率、经纪人佣金率的制约。

四、华商保险同业公会

1933年秋,天津永宁保险公司经理言韦叔,鉴于当时在津的华商保险公司均为外商组织的天津火险公会会员,而华商却无团体组织,于是联合天津各华商保险公司负责人发起筹建天津市保险业同业公会,借谋公共利益,矫正同业弊害。经呈准天津市社会局许可,该会于1934年8月正式成立,与外商保险公司抗衡。同时,太平保险集团及大上海、久联、华联等分保集团内各公司联合使用限额承揽业务,各集团之间亦建立了分保关系,减少了对外商保险公司的依赖和资金外溢,增加了华商各保险公司的收入。这一时期,华商保险公司虽都经营水险、火险、运输险、人寿险等,但由于海关不能自主,航海设备又简陋,最重要的水险业务仍为外商保险公司所把持,华商保险公司的资力、保费收入远不及外商保险公司。1935年,英、美、法、荷兰四国保险公司的投资额与华商保险业的全部投资额比率为3:1,相差悬殊,因此,一遇重大赔案,便会牵动整个集团甚至同业公会。

第二章 "金"业勃兴

——近代天津金融业务

　　天津自开埠以来，逐渐成为中国北方最大的工商业城市，金融是经济流通的血脉。近代天津金融业最初是以传统的钱铺、银号等形式存在，随着外商银行的进入和华商银行的兴起，储蓄、存放款、汇兑、票据等银行业业务成为当时主要的金融业务。

第一节 银行业业务

一、存款业务

　　近代天津新式银行所经营的存款业务主要分为储蓄存款、同业往来存款、定期存款、活期存款、特约存款等形式。

（一）储蓄存款

　　光绪三十一年（1905），天津官银号开办了"博济储蓄银号"，兼营储蓄存款业务，这是天津第一家经营储蓄存款业务的机构。1915年，新华信托储蓄银行天津分行成立,这是天津最早专营储蓄存款业务的银行,同时标志着银行开始将储蓄业务列为主营业务之一。起初,银行的储蓄存款业务大多面向官吏、富商等,一般要求首次存入金额不得低于100元(或足银

新华信托储蓄银行天津分行往来存款折

100两）。1924年,四行储蓄会增设活期储蓄业务,将储蓄业务门槛降低至1元,凭存折支取,为广大百姓储蓄存款提供了渠道。储蓄存款的种类一般分为活期储蓄存款、定期储蓄存款（包括整存整付、零存整付、整存零付、存本付息）、定活两便储蓄存款以及其他特种储蓄存款四种形式。

民国时期,银行同业之间竞争激烈,各行都在竭尽全力吸揽储蓄存款,如上海商业储蓄银行要求行员要有礼貌、要忠实不欺、要尽量帮助顾客解决各种问题;大陆银行要求行员对待顾客要一视同仁,"无论款项之多寡,贫富老幼之区别,本不应有所歧视";四行储蓄针对信用较好、储期较长的顾客会酌情提高存款利率;金城银行专门印制宣传储蓄业务的小册子,到公园、戏院等公共场所散发;上海商业储蓄银行增设礼券储金、教育储金、婴孩储蓄、人寿储金、纪念储金等独具特色的业务。

(二)同业往来存款

同业往来存款属于信用存款。民国初年,往来存款规定第一次存入至少洋200元或银200两以上,凭存折或支票随时可以存取,存款准备金

盐业银行往来存折

限度不得少于3/10。个人不得透支,凡往来行号可商定最高透支额度,在此额度之内可随时借用,亦可随时偿还,透支利息每月结算一次。1930年,规定每户第一次存入金额为洋100元或银100两以上。1935年币制改革以后,规定首次存入金额为国币500元以上。

(三)定期存款

民国初年,定期存款规定存期最短1个月,最长2年,存入金额无具体规定,如未到期想要提款的,需要根据市面银根松紧情况酌情办理。一般天津的外商银行大都使用存单,而华商银行是存单与存折并用,根据顾客的喜好而定。1930年,规定每户存入金额至少洋100元或银100两以上,

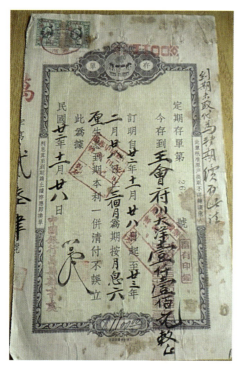

民国二十二年中国银行定期存单

天津交通银行定期存单

期限至少3个月以上,过期未取后不再额外计息。1935年币制改革后,各家银行规定存款最低金额由法币100~1000元不等,期限分3个月、6个月、1年、2年、3年以上等。

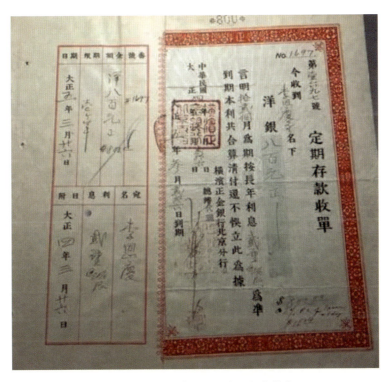

民国时期横滨正金银行北京分行存款书

(四)活期存款

活期存款是银行为便于储户(工商业企业)不定期需要款项时提款而开办的。1935年币制改革以前,大多银行规定首次存入金额由200元~500元不等,续存不再限制金额。银行根据整体存取情况设一定比例的准备金,其余资金可作为贷款放出。

1935年币制改革以后,活期存款支取由存折改为支票,并规定存户在一个月内每日平均结存数如在国币200元以下的,即当月征收手续费5角;通知存款户未存满2个月便进行销户的,征收手续费4角。

(五)特约存款

1937年七七事变以后,华商银行鉴于当时社会大众对于定期存款业务不感兴趣,同时认为活期存款利率低的情况,专门开办了特约存款业务。特约存款规定一次存入后需要一次性提取,存入金额须在国币500元以上;提取期限不定,存户如有需要,可以随时提取,本息一次支付。

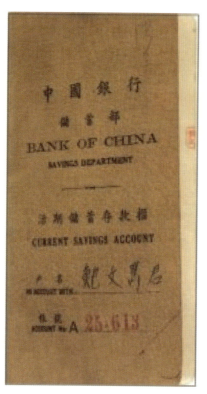

中国银行天津分行存单、存折

(六)业务规模

1919年末,天津有国家银行2家、商业银行8家,其中国家银行存款余额约为6714万元。1920年末,天津国家银行存款余额约为6545万元,约占天津10家银行全部存款总额的20%。

1932年末,天津有3家国家银行、19家商业银行,存款余额为25575.8万元,约占全国122家银行存款总额的12%。

1937年七七事变后,天津28家银行存款骤减,当年年底存款余额减至12200万元,后逐年有所回升。

1939年末,天津市银行业同业公会会员行共28家,存款余额为19680.1万元。1940年末,存款余额为22634.7万元。

1942—1945年天津市银行业存款数如下表:

1942—1945年天津市银行业存款数

(单位:伪联银币元,即法币万元)

年份	银行家数	存款数
1942	28	250501.2
1943	29	232407.7
1944	32	350174.7
1945	33	1791397.4

抗战胜利后,由于通货膨胀,货币贬值,天津市各家存款额逐年猛增。1945年,天津市33家银行存款余额为法币179亿元。1946年末,天津市28家银行存款余额达181亿元,约占全国155家银行存款总额1699亿元的10.6%。

二、放款业务

近代天津银行业的放款种类主要有抵押放款、信用放款、贴现放款等。

（一）抵押放款

抵押放款，即有抵押品的放款。近代银行均以抵押放款作为主要的放款方式。抵押放款分为不动产抵押放款和动产抵押放款两种。如金城银行1923年规定，"放款先求用户或抵押品之妥实，次求利息之优厚。遇有用户抵押品妥实时，利虽不厚尚可酌量通融，反之，则利虽厚而用户或抵押品不甚稳妥者绝不放做"。1927年7月又规定，"放款以有货物抵押短期活动者为原则，债票、股票等证券价格涨落无恒，处分殊多困难，除特殊情况外，一般不收受为抵押品"。又如大陆银行1936年要求："各分行凡确有把握之抵押放款仍继续做，但不得含有投机性及期限过长，抵押品折扣必在市价以下，不可太大；凡团体合放之款以工商业为主，房地产抵押绝对禁做。"

（二）信用放款

信用放款一般有活期、定期两种。活期放款多为透支方式，可随取随存，没有隐含利息；定期放款有明确期限，常见为1月至1年之间。除抵押放款外，对工商企业的信用放款也是重要的辅助形式，而且有些年份银行放款中的透支和定期信用放款能占到放款总额的一半左右。但到了1944年，中国银行、交通银行均停止信用放款。天津市财政局虽也曾明令银行业停止信用放款，但不少商人习惯使用信用贷款，且银行业的信用放款数额较少，因此禁而不止。

(三)贴现放款

贴现放款是银行购买票据的行为,也是放款的一种类型,普通的贴现放款不收押品,只预扣利息。近代天津因票据市场尚不发达,金融业所做贴现以庄票居多,商业票据则较少。1919年,中国实业银行曾规定贴现放款以往来行号为限,但不切实的票据及期限在90天以上的票据不得办理贴现放款,同时需要特别注意付款出票人及贴现人的信用情况。贴现放款不得转期,贴现人与付款人不得同为一人,付款人到期不能付款时,应向贴现人及出票人责偿。

(四)业务规模

以"北四行"为例,1925年末,"北四行"放款余额达到8059.2万元,仅金城银行放款额即占全国重要银行放款总额的4.33%,可见当时天津银行业贷款规模在全国银行业居前列。

进入20世纪30年代,中国民族工商业陷入困境,不得不依靠银行的贷款来维持生产与经营,使这一时期的银行业得以迅速发展,贷款规模逐年扩大。据1936年《全国银行年鉴》统计,自1932—1935年总行设在天津的7家华商银行(大生银行、大陆银行、中原银行、裕津银行、殖业银行、边业银行、河北省银行)放款额如下:

1932—1935年总行设在天津的7家华商银行放款额

(单位:万元)

行名	1932年	1933年	1934年	1935年
大生银行	715.9	562.5	539.1	439.8
大陆银行	5331.8	6654.2	9042.3	8372.3
中原银行	134.3	119.4	114.4	93

续表

行名	1932年	1933年	1934年	1935年
裕津银行	268	280.4	229.5	207.2
殖业银行	322.1	332.1	341.7	
边业银行	472.2	250.6	117.6	135.5
河北省银行	862.9	686.3		

三、汇兑业务

国际汇兑业务最初由外资银行和洋行把持,后来中国银行等也开展了国外汇兑业务。天津的外汇汇率根据上海外汇市场行情来确定。国内汇兑经过长期发展逐步形成票汇、电汇、信汇、活支汇款、押汇等基本种类,后来押汇有了较大的发展。由于上海在近代中国金融业的特殊地位,各地与上海汇兑往来统称为"申汇"。另外,国内汇兑根据汇款收交地点不同,分为顺汇、逆汇;按汇款收付时期不同,分为对交、现交、迟交;按汇款货币单位不同,分为银汇、洋汇、银洋互汇;还根据汇款关系的繁简,分为直接汇兑与间接汇兑。

官银号汇兑券

汇款委托书汇款解讫通知

同业汇款通知单

四、货币发行业务

（一）金属货币发行

清朝实行白银与铜钱（制钱）并行的货币本位制。白银主要用于国家财政收支、官员俸禄、兵饷和商业的大宗交易；铜钱基本用于民间的零星交易，铜钱由京师设置的宝泉局和宝源局铸造，后来地方政府也设局铸造方孔圆形钱。嘉庆年间，省铸不足定额，私铸开始崛起，造成铸钱质量低劣和银贵钱贱的局面。白银则是由官炉和私炉铸造均有，导致银锭的形状、成色和名称各异，因此，当时的市场没有形成标准的银钱比价。

近代以后，外国的银元，即西班牙的"本洋"和墨西哥的"鹰洋"等进入中国。由于银元便于携带且"计数定价，既不必比较银色高低，又无需称分量之轻重"，同治、光绪年间，天津地区开始广泛地使用这些"洋钱"。

随着外国银元的大量流入，市场上陆续出现了民间仿造的银元。光绪十三年（1887），北洋大臣李鸿章为打击私铸劣钱，着手推动币制改革，率先在天津机器制造局内设立了"宝津局"鼓铸制币。光绪二十二年（1896），引进西方先进造币设备、聘用外国技师，在"宝津局"试生产银元、铜币，只可惜这座颇具现代生产能力的造币厂刚形成生产能力就毁于1900年八国联军的炮火中。

专栏——业务风云往事

光绪元宝

银成色89%,直径28.2毫米,重26.7克左右。1898—1907年发行,正常成色为89%~90%。正面铸有铭文,顶部铸楷体"××省造"或"造币总厂",底部铸货币价值如:"库平七钱二分",中心直读"光绪元宝"四字,币中心为满文"光绪元宝"。银币背面外圈的顶部用小号英文标准字体铭"××省造"或"造币总厂"字样,下面为英文货币价值,内圈铸有蟠龙图,品相精致,其审美风格独特。

背景故事:两广总督张之洞于光绪十三年(1887)委托使英大臣在英国订购全套造币机器,并在广东钱局首铸机制银元和铜元。其后,各省纷纷仿效,购置国外机械铸造银元、铜元,包括广东钱局在内,许多造币机均订购自著名的英国伦敦伯明翰造币厂。英国大工业的介入使钱币也沾染上西方色彩。钱币正面显然可见满汉文化的融合,而钱币背面却明确标示了西方文化的介入。

光绪二十九年(1903),清政府在天津设立户部造币总厂。光绪三十一年(1905),户部将天津的北洋银元局创办的造币厂改为户部造币北洋分厂,后扩充规模建成造币总厂,该厂初创时拟定铸造金、银、铜三种货币,分别称为"大清金币""大清银币""大清铜币",以铜元为主。宣统二年(1910),度支部(原为户部)奏定《造币厂章程》,"造币厂归度支部管辖,掌铸造国币",各地造币厂裁撤,仅保留汉口、广州、成都、云南四处造币厂,专归天津造币总厂管理。

北洋银钱总局

1914年2月7日,北洋政府颁布《国币条例》,规定国币铸发权属于政府,凡公款出入必须使用国币,市面通用的旧铜元、制钱由政府以国币收回改铸。在此期间,天津造币总厂除了铸造铜元和银元国币外,还铸造过大量纪念银币、银章和铜元等。

专栏——业务风云往事

中华民国三年袁世凯壹圆银元

银成色89%,直径39毫米,重27.2克,为中央银主币。币型正面中央为袁世凯五分侧面像,上环列"中华民国三年"字样;背面中央刻"壹圆"字样,左右交互二本嘉禾,下萦结带,是民国北洋政府时期的基本币型。天津造币总厂铸造民国三年国币时间长,版式亦有微小差别。

　　背景故事:袁世凯任大总统后,该厂奉部令,按《国币条例》要求的标准及币型,于1914年12月首铸民国三年袁世凯半身像国币。所铸国币的标准悉依《国币条例》要求:一是每枚国币总重库平七钱二分;二是成色银九铜一(正式铸造时改为银八九、铜十一);三是每枚银币重量与法定重量相比之公差不逾千分之三;每一千枚合计之重量与法定重量相比之公差不逾万分之三;四是无论何枚银币,其成色与法定成色相比之公差不逾千分之三。该厂严格执行标准,颇受赞誉。1920年4月,改铸民国八年壹圆国币,民国三年国币的铸造遂停。

中华民国十年九月仁寿同登纪念币

　　银成色88%,直径39毫米,重26.8克,为民国纪念币,由天津造币厂铸。该币正面中央为徐世昌七分侧面像,身着西服,胸佩勋章。背面中央珠圈内镌中南海怀仁堂外景,左下角有"仁寿同登"字样,明喻当选及寿辰。珠圈外上有"中华民国十年九月"

字样,下有"纪念币"字样,左右分列五角花星。

　　背景故事:1918年9月4日,安福国会(即新国会)在皖系军阀的操纵下,选举徐世昌为大总统。徐世昌于10月10日正式就职。1921年,天津财政部造币总厂开铸完成纪念银币1000枚,上交总统府以分赐各方友好,以祝贺徐氏当选总统3周年及67岁寿辰。

　　1927年4月,北伐战争胜利,南京国民政府成立。经政治会议决议"停铸袁(袁世凯)币,换铸先总理(孙中山)像币"。同年6月,国民革命军第三集团军占领天津,天津造币总厂停铸龙凤币及其辅币,改铸孙中山头像新币。1928年,北洋政府垮台,天津造币总厂基本停铸。

专栏——业务风云往事

壬子兵变对天津造币总厂的打击

　　1912年2月29日,农历壬子年正月十二,北洋军阀曹锟第三镇一部士兵在北京焚烧抢掠,爆发了兵变。3月2日,天津驻军也发生兵变,各路变兵鸣枪呼啸,沿途烧杀抢劫,流氓、歹徒和保安队也趁机加入抢掠行列。到处火光冲天,势如燎原,整整乱了

天津造币总厂旧址

一个通宵。天津造币厂损失巨大,变兵们冲入后,将元宝、银元、铜板等任意劫取。在变兵抢掠过后,许多乱民也闯进去抢掠。事后统计,天津造币厂损失白银30万两,厂房被焚,工厂停工。后虽设法恢复了生产,但已元气大伤。

1928年,北伐革命胜利后,天津造币总厂基本停止了生产。1932年,国民政府在上海重建了一座"中央造币厂",正式撤销天津造币总厂。自此,天津造币总厂才结束历史使命,悄然退出历史舞台。

1933年,国民政府决定"废两改元",结束了银两与银元多年并行的境况,并颁布《银本位币铸造条例》。1933年3月,国民政府财政部公布孙中山银币为正式国币,流通全国,同时也成为当时天津市面流通的主要银元。

专栏——业务风云往事

民国二十二年壹圆

银成色88%,直径39毫米,重26.6克,中央银主币。该币正面为孙中山五分侧面像,上环列"中华民国二十二年"字样。背面中央图案为海面上一艘双桅帆船,左右分列币值"壹圆"。

背景故事:1933年3月8日,南京国民政府颁布了《银本位币铸造条例》,正式定名新国币为银本位币,重量、成色均有严格规定,由中央造币厂正式铸造。与此同时,决定"废两改元",废止行用数百年的银两制度,使银本位币成为唯一的银币形式,完成了银货币制度的一次重要改革。银本位币由中央造币厂专铸,从当年3月至12月,共铸28060918元。

(二)钞票发行

明初制钱供不应求,民间趁机滥铸,导致货币种类杂乱,价值高低不一且真伪难辨。洪武八年(1375),颁布钞法,印制"大明宝钞",使其与铸

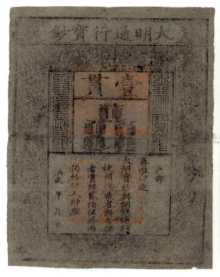

大明通行宝钞壹贯(洪武年制)

钱同时流通。

　　咸丰三年（1853），太平天国起义后，军费开支大量增加，于是清政府决定发行官票和宝钞，规定凡民间缴纳关税、盐课等款，均需使用官票、宝钞，宝钞由政府发给成本银两并责成户部在各省设立官钞局，办理发行事宜。但在宝钞发行过程中，由于各级官员从中舞弊，导致宝钞流通阻滞、贬值严重。同治元年（1862），宝钞宣布停用。

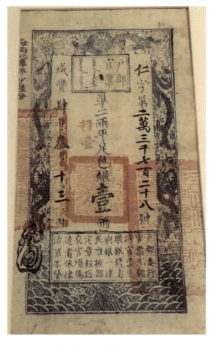

户部官票（咸丰四年制）　　　　　　　　　　大清宝钞（咸丰七年制）

　　道光、咸丰年间，外商银行进入中国并发行纸币兑换券，随后华商银行纷纷设立并仿照外商银行的模式，开始发行兑换券。光绪二十二年（1896），中国通商银行开始发行兑换券。此后，户部银行、浙江兴业银行、交通银行等相继在其章程之内列入发行权，其所发钞票都印有"可以凭票即兑付现银元"字样。光绪三十四年（1908），颁布《银行通行则例》，将发行兑换券列为银行业务之一。

1912年中国银行成立后，以中国银行发行的兑换券代理法定纸币暂时通行全国，所有公私出纳一律通用。1928年，《中国银行兑换券暂行章程》规定中央银行发行兑换券，以国币（银元）兑换，按发行额十足准备。

1914年交通银行发行的印有天津地名的兑换券

人牛耕耘图券（1934年中国银行总管理处委托英国德纳罗印钞公司印制的壹圆天津地名券）

专栏——业务风云往事

天津中国银行发行李鸿章像的兑换券

1912年,中国银行天津分行开业当天,李鸿章像5元、10元两种加印中国银行天津地名券面世,拉开了天津中行发行纸币的序幕。1912—1939年历时27年间,中国银行天津地名券共发行29种,发行数额达29493.05万元。

1933年国民政府"废两改元"后,全国货币本位统一,但银本位受国际上白银价格波动影响,若国际市场白银价格一旦走高,就会导致中国大量白银外流。1935年11月3日,国民政府发布施行法币的布告,规定

以中央银行、中国银行、交通银行三行发行的钞票定为法币,其他银行曾经核准发行的钞票逐渐以三行钞票换回,凡持有银本位币或其他银币、生银货币的人,可以通过发行准备管理委员会或其指定的银行兑换法币。

1937年七七事变后,天津沦陷。1938年3月10日,伪中国联合准备银行成立并发行伪联银券,取代法币。1945年日本投降后,天津的伪联银券由中央银行以其发行的法币限期收兑。

专栏——业务风云往事

中南银行1921年发行的钞票

1921年中南银行成立,该行虽为私营股份制商业银行,但因有侨资背景,财政部给予其优惠政策,不但允许该行发行钞票,而且核定500万元的发行额度,超过当时的中国实业银行、农商银行1倍以上。后来为了防止滥发纸钞而引起挤兑风潮,中南银行联合

盐业、金城及大陆银行,合办四行准备库,制定了"十足准备"的发钞原则,联合发行中南银行纸币。图示为日晷图券,是中南银行发行的第一版国币券,也是该行独立发行的唯一一版纸币。

中南银行发行的壹圆钞票

中南银行所发行的纸币,因其信用卓著,加之以票面色泽明亮,图案印制精致,为民众广泛使用和收藏。中南银行纸币主图有两种:一种为日晷,另一种为五女图。日晷是古时利用日影测量时间的器具,它是中南银行纸币中最常见的主图;五女图仅见

于民国十六年由英国华德路公司承印的纸币,一般认为,五女分别指汉、蒙古、回、满、藏五族妇女的头像,蕴含着象征民族共和之意。中南银行纸币的面额有1元、5元、10元、50元、100元五种。四行联营前由中南银行发行的民国十年纸币五种面额皆俱,之后的历次印行中则只有五种面额中的一二种,其中以5元居多。纸币的正面标有地名的,主要有上海、天津、汉口、厦门,均为发行准备库和分库的所在地。

五、信用工具业务

信用流通工具是在信用基础上产生的代替货币流通的工具,即各种票据。天津银钱业同业之间代客户清算因商品交换而发生的收解款项,早期只使用现币。随着商品交换的扩大,收解款项数目增加,使用现金殊感不便。光绪初年,银钱业同业之间开始使用拨码,每天互相清算。随着商业银行发展,支票、汇票、本票等票据才开始使用并逐渐扩展起来。

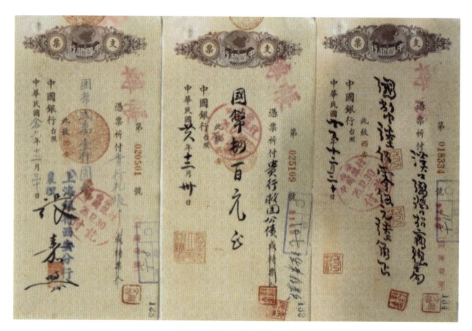

民国时期的中国银行支票

(一)支票

支票是活期存款户对银行发出的支付通知,通知银行从其存款账上支付一定金额给指定人或持票人。支票可以流通转让。支票上记载受款人姓名的称"记名支票"或"抬头人支票";不记载受款人姓名,凭票付款的称"不记名支票"或"来人支票";在支票面上画两道平行线,只能在银行转账不能取现,称"划线支票";在支票上经银行记载有"照付"或"保付"等字样,由银行保证付款的称"保付支票"。

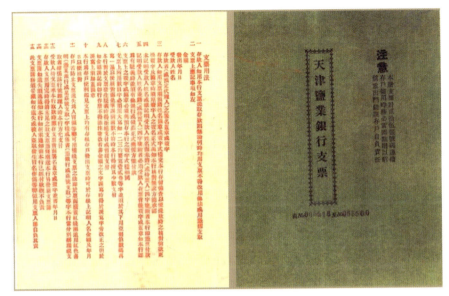

天津盐业银行支票（1938）——封皮

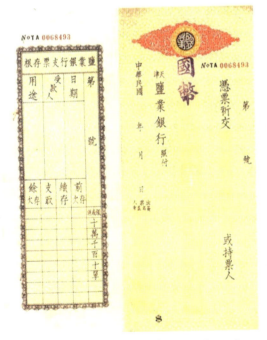

天津盐业银行支票（1938）——内页

(二)汇票

汇票是发票人在票面上载明要第三人于一定时日或见票当时无条件支付一定金额于受款人或执票人的票据。按天津习惯,银行发出者称"汇票",银号发出者多称"汇券"。光绪三十三年(1907)十一月,天津52家钱商共同拟定了天津和各埠交易汇票办法,照票时注明某日照交,添盖戳记。注明"某字号照票图章,永远遵守,以昭公允"。以上是指代交票款之行庄而言。至于在本埠甲分号出票由外埠甲分号照交,既系本号之票,无论如何均应凭票照付,不能稍有借口,以昭信守。

民国金城银行金银汇票

（三）本票

本票是银行、钱庄为发票人自己约付款项之证券。本票按期限有即期和远期之分；按记名与否有记名和不记名之别。本票由银钱业发出并自己付款，因此信用卓著。1923年4月《银行周报》载，天津银钱业发行之本票称为"银条"，与上海庄票同。本票之发行无一定之用纸，仅于纸片写应付金额若干，标明年月日，加盖印章即可生效。

青岛大陆银行支票

中国银行天津分行发行的1亿元本票和2000万元本票

专栏——业务风云往事

天津票据清算的发展

天津早期各银号、钱庄之间的票据结算多为现币,随着商贸规模的扩大,使用现币殊感不便。光绪初年,银钱业同行之间改用"拨码"(一张长约12厘米、宽约5厘米的便条),拨码制度是近代天津具有地方特色的转账结算与信用票据制度,每晚对差额仍用现币清算交割。1902年,清算差额一律改用外商银行华账房的"竖番纸"冲算。

北伐战争以后,国民经济有了较大发展,天津银钱业为适应经济发展的需要,拟定票据划账所章程,准备组织成立天津票据划账所,但遭到一些钱庄的反对,最终未能实现。直到1941年太平洋战争爆发,日本当局为加强对天津金融的控制,于1942年成立天津票据交换所,自6月1日起正式交换,清算转账机关为伪中国联合准备银行。除了华商银行外,日本各大银行对于票据交换也都有所参与。此外,天津银钱业合组公库也作为交换所会员之一,代理各银号与各银行之间票据交换。在天津的外商银行则由横滨正金银行代理交换。

1945年8月日本投降后,票据交换所仍办理交换业务,直到10月27日国民政府财政部派员来天津办理接收时,才暂时中断。11月1日,由中国银行、交通银行发起组织"天津市中交两行临时轧账处",解决票据交换。1946年1月7日,中央银行宣布正式接收"中交两行临时轧账处",成立"天津市银行、钱庄票据交换所"。1946年2月,按照《中央银行法》的规定,取消"天津市银行、钱庄票据交换所",由中央银行天津分行设票据交换课主持票据清算业务,到1949年1月被人民银行接收。天津票据交换所的清算方法有直接交换和代理交换两种。

六、信托业务

近代天津大多数银行兼营信托业务,按其公布的业务内容固然不少,但实际上也只是集中在买卖和代理买卖有价证券、房地产和代保管等业务,经营范围也很小,唯有金城银行和中南银行投资附设的诚孚信托公司的业务颇具特色。

1916—1934年天津银行业兼营信托业务情况

名称	设立年份	总/分行	兼营主要业务
大陆银行	1919	总行	买卖证券生金银、仓库、信托
中南银行	1922	分行	证券、仓库和贷款企业的代管接管
金城银行	1917	总行	证券、仓库和贷款企业的代管接管
中国实业银行	1919	分行	买卖证券生金银货币
上海商业储蓄银行	1920	分行	买卖证券生金银、仓库、信托
中国农工银行	1925	分行	买卖证券、信托
国民商业储蓄银行	1925	分行	信托
中国垦业银行	1926	总行	仓库
中孚银行	1916	总行	房产经租、保管箱、代理各埠票款
河北省银行	1929	总行	买卖证券生金银货币
交通银行	1908	分行	从1930年开办信托业务和代理业务
中原商业储蓄银行	1931	总行	买卖证券生金银
河南农工银行	1930	办事处	买卖证券生金银
中国国货银行	1931	分行	买卖证券、信托
国华银行	1934	分行	买卖证券生金银、信托

第二节 银钱业业务

一、典当业务

典当的业务形式最早起源于南北朝时期，"典当"一词的出现最早可见于《后汉书》。典当业务的基本流程是当铺对当物（抵押品）将来变卖所能卖出的价格作为标准（即估价标准），再打一定折扣作为最终当价（即放款金额），一般当价是当物价值的50%~70%。押物的人携当物到典当店，经双方议定当本，填写好当票连同当本付给当物人，典当手续算是完成。当户要赎回当物时，持当票、带足本息前往原店铺办理即可。所当物品期满或延期后仍不去赎取的，视为死（没）当，典当行便有权拍卖抵债，售价一般是在抵押价基础上提高三成出卖。

西开教堂前的"万成当"

当物方面一般可作为当物的分为动产和不动产(田园房产等)。1930年以后的当物一般均为动产,具体可分为细软、粗硬和其他三大类,其中细软类以衣服最多,其次是珠宝首饰。

细软	粗硬	其他
衣服类	家具类	古玩类
首饰类	器皿类	机件类
被帐类	农具类	农产类

当铺有固定的门店和库房,对当物的保管制度非常严格,除当物入库时要逐项清点核收外,还有每年春秋两次晾抖、春冬两次全盘对点。由于当铺能够基本上杜绝当物的损害、窃盗等情况,所以有人会在时局动荡的时候,将贵重衣物当给当铺,其目的不是为借贷,而是为了保护贵重物品免受损坏。

专栏——业务风云往事

当票介绍

当票是当铺与当户的凭证,旧时当票多为粗糙纸张用木版印成的,后期当票的用纸和印制都有变化,但样式依旧。当票上的固定文字有:当铺的字号、地址、当物、届期、当息、过期变卖等内容。需要手填的文字有:当款金额、编号、当物的物类品名、相关注明(如衣服类还要写上颜色、质料、残点等)、日期等等。当铺为了防止伪造,当票上的当物名称用一种自成体系的当字谱写成,外人难以辨认。当票不记典当人姓名,赎当时只认票不认人。当铺为减轻保藏者的责任,当票上所写当物的名称,常冠以劣称,如金器写为"冲金""冲铜",皮货冠以"光板""虫蛀",衣服写"无襟""无纽",宝石翠玉称为"玻璃"或"粉石"。

和顺当铺当票

聚和当铺当票

清咸丰十年(1860)后,天津开为商埠,城区人口快速增加,消费规模扩大,加之洋货大量倾销,导致小规模生产者频频破产,劳动人民贫困潦倒,不得不依靠借贷维持生产生活,从而促进了典当业务的发展,使其成为小生产者和贫民借贷的主要渠道。到光绪年间,天津城区、乡区有当铺44家,每家货架货值(放款额)多则十五六万两,少则十二三万两,已形成

一定的经营规模。根据政局和经济状况,死当物品占比不同,有时可达
30%以上,仅估衣一项每年就不下100余万元,天津有名的估衣街即为估
衣商云集营业之处。

天津估衣街历史风貌

二、票号业务

清嘉庆二年(1797),山西平遥人雷履泰在天津开设了日升昌颜料铺
(其总号在平遥)。由于所贩颜料中有一种铜绿产于四川,要运现往四川
支付既不方便又不安全,于是在天津、汉口、重庆三分号之间用汇票清算
账目,既节省了运现费用,又避免了路途被劫的危险。此后,其他商人及
官吏也纷纷委托日升昌替代运现。清道光二年(1822),日升昌颜料铺改
组为日升昌票号,天津成为山西票号和汇兑业的发源地之一。票号早期
专营汇兑业务,并逐步发展出存款、放款等业务。

票号的汇兑方式有五种:票汇、信汇、兑条、电汇、旅行会券,其中票汇

占汇兑方式中的大宗。早年票汇是由收汇票号开具一张单式汇票,由汇款人将汇票寄给或带给受款人,受款人持汇票向交汇票号取款。票汇的兑付期有即期和期票两种,均由汇款人确定。即期的见票即付,期票按票面上所列的日期兑付。先交款的前期汇票,其汇水按减去利息计;后交款的后期汇票,其汇水按加上利息计。两地相交以到为期叫作"对交汇票,没有利息,只有汇水"。

票号的存款主要是官府的关税、协款和军饷等公款。在户部银行建立之前,清政府没有国家银行,所有公款在京则存国库,在省则存藩库。票号经营者通过与官府结交私情,使公款暂存于票号,因票号资本充实、风险极低,同时汇兑便捷,解款时一纸公文即可办妥,官府若有紧急需要,还可向票号透支。同时,公款存入票号,官吏个人也可从中得到利息等好处,若有转任时旅费不足,还可向票号挪借,官吏也愿将公款寄存票号。票号存款有定期和活期两种:定期存款以100两为起点,期限分3个月、6个月,也有1年或1年以上的;活期则随时存取。存款时由票号开具存折和取利折,凭以取款、支息。利率的确定因时、因人而异,定期存款月息为三四厘,多至七八厘,活期存款利率更低或多不计利息。

票号经营放款的对象主要是钱庄、官吏和殷实的商铺,对商户概不贷款。放款期限一般短期以1~2个月,至多3个月为限,长期则以1年为限。放款利率也没有定数,一般以七八厘到一分二三厘最为常见。一般票号放款的目的并不图厚利,而是力求稳妥,最忌讳放款冒险与账务呆滞,但对于官吏和较为殷实的商铺也时有例外。

票号发行的银票,当时俗称"小票",其形式为竖式,票面印有花纹,面额在开具时填写,最小的为50两,最大的为1万两,以二三百两和一二千两的居多。小票原为拨兑银两的便条,但由于票号信用好,有些人则当作银钞使用,多日也不到票号兑取,还有一些权贵官吏的家眷把小票保存起来积蓄私财,三五年甚至十数年也不兑现。

专栏——业务风云往事

八国联军洗劫天津银钱业

光绪二十六年(1900),英、法、德、日、美、意、奥、俄八国联军进行了一次侵华战争,天津陷落后,八国联军犯下的暴行罄竹难书。"拂晓天津城破,居民争向北门逃走,多被洋兵打死街头,洋兵大肆抢掠,首当其冲的是当铺、金店、银号,然后是其他商店和大户人家,各衙署也都被捣毁。"天津作为华北地区的经济中心,银钱业极为发达,然而在八国联军的铁蹄之下,这个繁华的行业遭到了前所未有的打击。仅在天津被占领的一个多月时间里,就有数百家银行和钱庄被抢走大量的金银财宝、现银钞票等财物,许多珍贵的文物和历史文献也被付之一炬。这些财富原本可以用于支持天津的商业发展和改善民生,却被侵略者掠夺一空。许多无辜的中国人在这场浩劫中失去了财产和生命,他们的鲜血和泪水见证了这段历史。

三、银号(钱铺、钱庄)业务

明清时期,天津金融业有炉房、兑换庄、钱铺、钱局、银号、钱庄、票号等机构,经营范围重叠,包括铸银、银钱兑换、存放款业务,由于银本位下的银钱种类混乱,主营兑换的机构不在少数,在经营白银与制钱兑换过程中也因为借贷而发生存放款业务,但存放款额度有限。天津开埠后,货币种类加入了外币、银元等,加之市场繁荣,资金流通规模扩大,使得原有的兑换庄、钱铺等难以应对。在这种情况下,银号脱颖而出,以其资金规模较大、经营范围固定等特点,成为银钱业的主要机构。银号为以存款、放款、同业资金往来为主营业务,部分兼营代理发行货币业务。

(一)存款

存款分为私人存款和工商业往来存款等。私人存款分定期、活期两种,长期存款俗称"票存",存款利率略高于银行,以股东、经理等关系方面为主要存户。存款人的户名可采用真实姓名,也可用化名、×记、××堂。工商业往来存款是由于工商业业务多有季节性,其流动资金时有盈缺,盈时就存,缺时就向银号借支。1927年前多无利息,之后银号因竞争关系而给予低息。

(二)放款

银号经营工商业放款,一般均为信用放款,其中活期放款(也称"透支放款")一般多是口头约定透支限额,如系担保户则定有契约。工商业户需用款项时就在账户限额内随时借支,如超过限额必须事先与银号商妥。活期放款是银号经营放款中的主要形式。定期放款是每逢农历年终大结束期在活期放款照例收清时,给予不能还清透支户的1个月或3个月的定期放款,到期收回不转期。贴现放款业务在天津地区较少,是由于天津商业不习惯通行的10天期庄票,少数天津帮银号联合做芦纲公所的3个月运期盐条贴现,是天津银号因长芦盐务在天津居于经济的重要地位而做的一项特殊业务。抵押放款在天津的银号中承做极少。

隆远钱庄支票

(三)同业往来

银号资金有限,而往来颇巨,难免有周转不灵之时,因此银号一般都与其相熟的同业订有"靠家"关系,一遇缓急,便可浮借款项以渡难关。在头寸多时往往商请往来户增加借支,在头寸紧缩时又向往来户索回,双方合作,相互有利,此种浮借,大多不计利息。此外,在平时需要增加来源时,还可向"联号"(股东相同而营业会计各自独立的银号)浮借,联号间经常往还浮借、代理收付。银号资力较弱,因此活动范围有限,具有地方性,大多与本帮商家取得联络。

(四)代理发行货币

银号还承担部分发行或代理发行货币的功能。道光年间,天津钱业曾先后发行以制钱为本位的钱帖(也称为"钱票")和以白银为本位的银帖(也称为"银票")。咸丰十年(1860)天津辟为商埠后,钱业又发行了以行化银为本位的银票。钱帖、银帖替代笨重的制钱、银锭流通于市面,既方便了资金周转,又扩大了钱业资金的来源。

天津德和钱号发行的银元票

专栏——业务风云往事

银号倒闭风潮

义和团运动爆发后,天津市面紧缩银根。光绪二十九年(1903),直隶地方政府批示:"准许天津商务公所选择殷实上中等钱商40家,可发行钱帖,借资周转,所发的钱帖须盖公所戳记。除选定的40家外,不得擅自出票,违者严惩不贷。"随后,全市大小银号相继发行银元票,由于银号没有准备金却滥发银元票,便发生了多家银号倒闭的金融风潮。地方政府为整顿金融秩序,要求"嗣后无论何号出使银元票纸,一有不测,即援照定案列于官洋各款之先,克期清付,以昭信守而维商务"。后来,地方政府、商会、钱业公会多次为稳定金融市面制定相应政策,以维持钱业现状。

第三节 保险业业务

天津保险业经营的业务主要为财产保险和人身保险。财产保险具体险种有:水险(水上货物运输保险)、火险(仓储货物保险)、汽车险、茧纱险、盗窃险等。人寿保险具体险种有:终身保险、担保还款保险、妇女保险、儿童教育保险、失业保险、养老保险、满期生存保险、意外保险等。天津地区的保险业务仍以水、火险为主。

一、水险业务

水险亦称"水上运输保险"或"海洋运输保险",一般包括内河的驳运及拖运在内。天津外商保险业来天津经营是随着外商对中国贸易往来开始的。最早经营的保险业务是水险,经营的方式是直接揽做。最早经营的保险公司是英商保险公司。

乾隆五十七年(1792),英帝国就想在天津立足设店经商,但遭到清政府拒绝。道光二十年(1840),英商凭借其国家炮舰的威胁,把保险业带入天津。道光二十三年(1843),英商怡和洋行和仁记洋行来津经营保险业务代理。道光二十五年(1845),英商保安保险公司(亦称"於仁保安"或称

"友宁保险公司")最早来津设立分公司经营保险业务,初期在汇丰银行二楼办公。英商来津经营后,于咸丰三年(1853)控制了天津海关,在天津塘沽设立船坞、码头、仓库,并在天津城区海河岸边也设立了船坞、码头、仓库,垄断了天津海洋运输业和天津保险市场。华北地区货物出口均依赖外商轮船公司,天津海关、外商轮船业和保险业三位一体。货物出口,先行保险,再行定船,海关根据轮船公司的许可货单和详载货物名称、包装、规格、数量、价格的保险单,抽验一二成或不验即可放行。

1929年,华商保险公司开始向外商保险公司分出保险业务后,外商保险公司的水险业务增加了新的来源。1935年,只从华商保险公司分给外商保险公司的业务中统计,每年都有相当数量的水险保费分给外商公司。1937年前,天津市的外商保险公司有220多家,在数量上超过上海而居全国首席,并占据着绝大部分的水险业务。1937年七七事变后,英商将一部分海关特权和海运权交予日本,水险业务也让予日本一部分。

1941年12月8日,日军发动太平洋战争后,天津海关完全由日本人控制,天津的水险业务几乎被日本人独占。1945年抗战胜利后,外籍人员再度控制天津海关。英商太古、怡和洋行、保安保险公司,美商威信洋行,瑞士商百利洋行等再度控制了天津大部分海洋通输保险业务。

天津解放初期,受解放战争和海关自主权收归国有的影响,进出口水险业务虽然减少,仍主要由外商保险公司经营,直至20世纪50年代外商保险公司撤离天津。

二、火险业务

火险即火灾保险。天津外商保险业的火险业务亦始于道光二十三年(1843)。最初火险的标的物为英商怡和洋行、仁记洋行的货栈、仓库的储存物资和船运物资等。之后,火险的标的物逐渐发展到外商的房产、商店、工厂及私人财产。光绪元年(1875),外商保险公司才承保中国商民的财产火险。

光绪三十三年(1907),上海华安水火保险公司在天津设立代理处,天津联兴斋等15家鞋店设立裕善防险会后,打破了外商垄断天津火险市场的局面。天津联兴斋等15家鞋店申述建立裕善防险会时称"幸有洋商保险,而利权终忧其外溢"。

1912年,壬子兵变爆发,天津被焚掠的华商商铺有300余家,向外商保险公司索赔额为白银84.51万两,约占索赔总额的58.86%。壬子兵变给外商保险业带来了商机,中国商人纷纷投保,从此,外商公司营业对象已不是少数洋商,而是以天津为中心的华人工商户、广大居民中的富户作为主要经营对象。

1920年以后,美商保险业大量涌入天津。1935年,天津外商火险业务估计收入为18万元。1937年日军入侵中国后,英、美等国收缩经营,日商则扩大经营。1941年太平洋战争爆发后,英、美等西方国家的保险公司被迫撤离,日商完全控制了天津保险市场,其业务收入没有详实资料。1945年日军投降后,日商撤出天津,英、美等国的保险业又来津复业经营。

专栏——业务风云往事

火险业务图示法

外商在火险业务的展业承保中广泛使用图示法。图的种类有:中国地图、城市地图、保险专用图等。这些图均由英国地图社秘制,用英文标注,天津火险公会控制。保险专用图中的火险专用图制作得非常详细。天津的火险专用图将天津划分为多个"地段",每个地段均按顺序编号。"地段图"的这些编号使总公司很容易找到保户的确切位置,有利于再保险业务。保险公司、保险代理人、经纪人在承保业务时还要求保户出具投保标的物所在地的平面俯视图,即标明标的物的存放地点,亦标明标的物左邻右舍的情况,使之与"地段图"相配套。一般说来,一个地段是以四条马路围成的方块(或四条15米宽的胡同围成的方块)。这个方块中以其危险程度最高的标的物确定的费率为该地段的基本费率。特殊情况下可申请"特殊费率"。特殊费率须经天津火险公会批准后才能应用。图示法使火险业务置于统一的、标准的、严密的、科学的管理体系中。它还有利于同业间进行分保,公证人进行火案公证。

第四节 证券业务

中国近代的证券市场业务主要集中在香港、上海、天津、北京等地,天津地区虽然没有正式的证券交易所,但是由于天津纺织、盐碱等民族实业发展较好,这些民族实业企业证券交易的业务在天津异常活跃。

专栏——业务风云往事

中国银行股票登记证

中国银行的前身为清朝的户部银行,设于1905年,是清政府的国家银行。1908年改称"大清银行"。辛亥革命后被清理,改组为中国银行。当时的总行设在北京,资本初定1000万两,实收500万两,邮传部认股200万两,其他为商股。改组后股本6000万元,官商各半。股票登记证说明了这一演变。

一、证券发行

1877年9月,开平矿务局批定招商章程12条,明确指出该矿务局是商人主持的股份制企业。1878年夏,计划筹集资本80万两,分8000股,每股

100两,这是天津最早实行股份制的企业。

1900年以后,国人兴办的工厂日益增多,资本雄厚的大多采用股份制,曾在天津证券市场上市买卖的股票有:济安自来水公司股票(1902)、天津造胰公司股票(1903)、启新洋灰公司股票(1907)、滦州矿务公司股票(1909)、滦州矿地股份有限公司股票(1909)、耀华玻璃股份有限公司股票(1922)、江南水泥公司股票(1935)等。据统计,到1928年共发行股

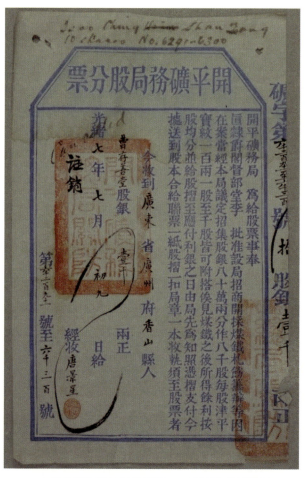

中国目前存世最早的股票——开平矿务局股票

票约5亿元。此外还有纺织、化工、煤矿、银行等股票,但都没有正式上市交易,只有个别买卖。

民国以后,各大银行为扶持工商业,除给以贷款支持外,还代理各大企业经理公司债券的发行和还本付息工作。数额最多的一笔是1937年1月金城银行、中国银行、交通银行、上海储蓄银行、浙江兴业银行、中南银行等六家银行发行永利化学工业公司的公司债券1000万元。

二、证券交易所

1921年2月,天津证券花纱粮食皮毛交易所股份有限公司成立,这是天津第一家证券交易所。由于其成立的动机是搞投机,所以到1922年初就因亏损而倒闭,成交的期货未办交割,很多人因此损失严重。

1944年,伪中国联合准备银行鉴于天津及华北各大城市游资充斥,且天津经营证券的机构日多,难于管理,拟在天津成立包括北京、济南、青岛在内的"华北有价证券交易所",在筹备过程中日本投降。1945年8月27日,在国民党方默许的情况下交易所开业,证券市场又重新活跃起来,后来由于国民党接收人员内部都想把交易所据为己有,争执不休,10月8日,财政部勒令华北有价证券交易所停业。

1947年春,天津市政府和市参议会为统制证

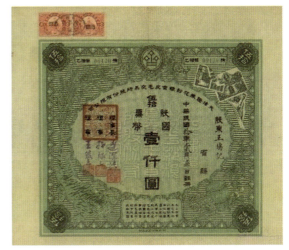

天津证券花纱粮食皮毛交易所股份有限公司股票

券市场，"导游资于正轨"，在华北有价证券交易所的原址（六国饭店，旧址位于今承德道）重新成立天津证券交易所，并于1948年2月16日正式开业，上市证券仍为各大企业公司股票。当时东北、华北大部分地区都已解放，天津解放也指日可待，黄金、美钞和各种商品价格成倍增长，股票紧随其后。到7月初，证券交易所几乎一开盘就达到限价而涨停，交易所改变限制办法也无济于事，反而促成场外成交。

1949年1月15日，天津解放。天津市军事管制委员会曾明令暂时禁止证券交易。在生产尚未恢复、城乡物资交流尚未畅通、游资充斥的情况下，天津军事管制委员会提出"引导游资，发展生产，奖励投资，繁荣经济"的方针，组织新的交易所。天津市证券交易所于1949年6月1日成立，经纪人39家，上市证券仍为各大公司股票。交易所开业初，每天平均成交金额约旧人民币11亿元，交割金额平均每天1.08亿元，连同经纪人和买卖客户的存款，合计每天平均有4亿元资金停留在证券市场，多时可达10亿元。

第五节 公债业务

代政府发行公债是各银行初期的主要业务之一。天津最早在市场上进行买卖的债券是光绪二十四年（1898）的昭信股票，名为"股票"，实为偿付甲午战争赔款所发的公债。天津地方最早发行的债券是光绪三十一年（1905）袁世凯任直隶总督时发行的直隶省地方公债。

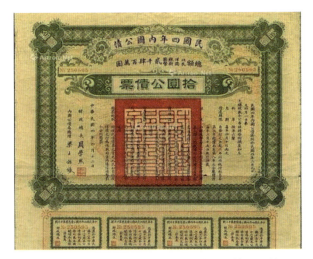

1915年,北洋政府发行的民国四年内国公债——拾元公债票

1913年,中国政府首次在海外发行公债,由中国银行代理

1914年,北洋政府发行对外债券500法郎公债(修铁路)

专栏——业务风云往事

1921年，北洋政府发行民国九年赈灾公债伍圆公债票

背景故事：该项公债发行定额为400万元，于1920年5月31日发行，实际发行额为216.8475万元，仅完成计划发行额的54%。它按各省货物税和常关税加征一成（10%），赈捐计年400余万元，作为偿付本息担保之款。为期3年，利率为年息7%，另按票面额打折扣，实际利率约合年息4%。规定从次年12月起，用抽签法分两年4次偿清。

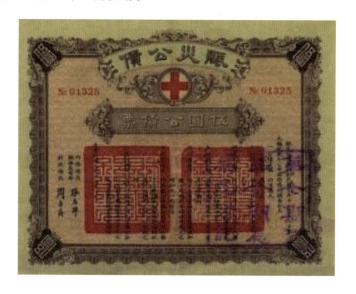

第三章　百年兴业

——金融支持民族实业故事

　　天津是中国近代工业的发祥地之一,19世纪60年代洋务运动兴起以来,逐步形成了纺织、盐碱等工业门类,尤其是近代天津的轻工业一直走在全国前列。在近代天津民族工业发展勃兴的过程中,天津金融业承担起了支持实业发展的历史重任,尤以对近代天津纺织业、盐碱业的支持最为典型和突出。

第一节　扎根实业,北方纺织
重镇兴起的金融助力

　　1898年至20世纪初是天津近代纺织业的起步形成阶段。1898年,近代天津民族工业的开拓者吴调卿创办了天津机器织绒局,此厂为近代天津首个从事毛纺织工业的现代化工厂。清末新政时期,天津候补道周学熙受袁世凯委托,在天津创办直隶工艺总局,任首任总办。周学熙在任期间"大兴工艺",成为北洋实业奠基人之一。1904年,直隶工艺总局又增加了实习工厂,开设了织机、染色、提花等科目。实习工厂是天津最早的训练培养初级工业人才的机构,为天津近代工业的兴起和发展提供了用人基础和技术保障,从此,机器织布工业开始出现在天津。此后,天津城区及周围郊县陆续兴办了数十家机器织布厂。

20世纪初至20世纪30年代,天津近代纺织业开始了从起步到步入巅峰的时期。1922年,天津成为全国第二大棉纺织工业城市。到1933年,天津共有纺织企业687家,有关纺织业的所有环节和种类均有涉猎,如棉纺、毛纺、丝织、印染、针织、地毯等,尤其是棉纺织业是天津近代工业的基础和支柱产业。棉纺织行业有恒源纱厂、裕元纱厂、裕大纱厂、北洋纱厂、华新纱厂、宝成纱厂等六大纱厂,其资本总额占全国华商纱厂资本总额的30%,生产纱锭总数占全国华商纱厂的第二位;毛纺织行业有仁立毛纺织厂、东亚毛呢股份有限公司以及几个外商的公司,东亚毛呢公司生产"抵羊"牌毛线,寓意"抵制洋货",是妇孺皆知的著名国货产品,行销全国各地。

专栏——业务风云往事

国货之光"抵羊"牌毛线

近代天津纺织业最为著名的企业为东亚毛呢纺织股份有限公司,其生产的毛线被命名为"抵羊"牌。"抵羊"牌商标于1932年由民族企业家宋棐卿精心设计,音取"抵制洋货",形含"羊毛",义喻"两羊相撞、奋力拼搏",书写了中国近代史上实业救国浓墨重彩的一笔。1933年,东亚公司的"抵羊"牌毛线的产量就从最初的15万磅增加到了100余万磅,"抵羊"成为妇孺皆知的国货产品,在随后几年的竞争中,东亚毛呢纺织股份有限公司又打败了日本和英国两个著名的企业,毛线产品行销全国各地,在实力雄厚的外资企业的围剿下冲出天津,实现本

土民族实业的奇迹,成为当时我国国人经营的最大毛绒线厂。

金融对天津纺织业的发展提供了重要助力。以六大纱厂为例,各纱厂在所有收支款项通过金城银行等结算的基础上,多依靠银行借款作为流动资金购置原料和扩大再生产,天津各银行的贷款始终是纱厂资金的最主要来源。恒源纱厂最初几年的全部资金来源中,银行借款最少的年份占到一半,最多的1930年达到了74.2%。裕元纱厂从1915年开办到1922年,先后向银行借入各类款项共计630余万元;金城银行和中南银行除向裕元纱厂发放定期贷款外,还与公司订立合同,给予无抵押的有规定限额的透支,而裕元纱厂的透支借款经常超过规定限额。各银行也多以联合的方式共同给纱厂放款,如1923年"北四行"以棉纱4000包为抵押放款给裕元纱厂50万元,1921年金城银行、盐业银行、边业银行和直隶省银行放款给恒源纱厂80万元,两年后这些银行又放款给恒源纱厂60万元。1927年盐业银行、金城银行、中南银行、中国银行、东莱银行、道生银行、浙江兴业银行和永济银号共同给恒源纱厂行化银40万两和50万元的抵押定期放款。

天津中南银行与裕元纺纱公司订立借款合同(契约底稿)

(1922年)

　　立合同:裕元纺纱公司、天津中南银行,以下简称裕厂、南行。今因裕厂向南行借用款项,双方议定条件如下:

　　一、此项借款分为往来透支及定期两种,各以现银元5万元为限额。如遇用银两,特折合银元以定额为度,至定期款项,斟酌金融情形,由双方随时协商,亦以定额为限。

　　二、透支款项之利息,每年分为两种办法。自三月至九月为上半期,自十月至次年三月为下半期。上半期按月息9厘,下半期按月1分2厘计算,但须每半年协定一次。

　　三、定期款项期限之久,暂于用款时临时由双方商定,订其利息按照透支款项月息同一办法。

　　四、如透支款项遇需用数目较巨时,裕厂可于每月初或上月抄开单预告南行,俾作准备。

　　五、两种借款抵押品即以金城、盐业两行所定合同内之织布厂一部分为抵押品,倘裕厂不克履行合同时,南行将与金、盐两行同有处分之权。

　　六、透支款项须每半年清结一次,即六月廿日、十二月廿日。定期款项按约定之期限,将本息一并清还。

　　七、遇厂存款时,南行应按月息2厘半算给。

　　八、裕厂需款时,倘遇南行不能接济,得由裕厂与其他行号另议借款。

　　九、遇市面金融恐慌或有其他特别情形时,得由南行停止此项透支,但须预于三日前通知裕厂。

十、本合同自签定日起,以一年为限,如双方同意继续办理,得再展期。

十一、本合同如经此方提议修改,得彼方之赞同,尽可随时修正。

十二、本合同缮立二分,由双方经理人签字盖章,分执为证。

裕元纺纱公司

天津中南银行

民国十一年　　月　　日

注:原文竖排,原文"如左"为今文"如下"。

天津金城等八银行与恒源纱厂订立的借款合同

（1927年8月27日）

立合同:天津盐业、金城、中南、东莱、中国、道生、浙江兴业、永济八银行(以下简称"银行"),恒源纱厂(以下简称"纱厂")

今因纱厂需用流动资本,向银行联合商借款项,双方议定条件如下:

一、此项借款分为银、洋两种定期借款。

二、定期借款联合总额行化银40万两,计盐业银行8万两、金城银行13万两、中南银行5万两、东莱银行3万两、中国银行3万两、道生银行3万两、浙江兴业银行3万两、永济银号2万两。

三、定期联合借款总额现洋50万元,计盐业银行10万元、金城银行12万元、中南银行6万元、东莱银行7万元、中国银行3万元、道生银行4万元、浙江兴业银行5万元、永济银号3万元。

四、上项借款利率月息一分一厘,期限10个月摊还,并由纱厂将各银行应收本息开具存条,分交各银行收执,按期收取。

五、上项借款合同成立后将款交足,收往来折,再凭支票使用往来存款息率,银行与纱厂出年息四厘。

六、上项借款以纱厂地基、厂房、厂内仓库及所有一切房屋又续添财产并南2万锭纺织机器引擎等件全部分为担保品,纱厂应将房地契全部机器置价合同样及保险单交与银行收执,银行公推盐业银行保存。

七、上项借款如到期不能履行本契约时,银行得自由处分担保品,纱厂决无异议。

八、纱厂特向银行声明,上项担保品以前确未向他人押借款项,以后亦不得再以该押品向别家商借。

九、上项借款在未还清期间,设纱厂发生意外变动,纱厂总协理负完全责任,将厂中花纱发出交与银行变价抵偿下欠本息。

十、纱厂与银行除此定期押款外尚有透支借款,设遇变故致纱厂不能归还时,下欠透支本息即以本合同押品余额为该透支借款之抵押品,但非本合同债权人,不得享此利益。

十一、本合同缮写九份,纱厂、银行各执一份为据。

十二、本合同自签字之日发生效力。

天津盐业银行

天津金城银行津行

中南银行

东莱银行

中国银行

天津道生银行

浙江兴业银行

永济银号

恒源纺织公司

附本公司南厂地基清单

第一号:四业堂诚记地十五亩八分二厘　　随带老契一张

第二号:四业堂诚记地五亩六分一厘五毫三丝　　二张

第三号:四业堂诚记地一亩七分四厘一毫八丝　　三张

第四号:四业堂诚记地七亩八分零四毫　　五张

第五号:四业堂诚记地三亩四分五厘五毫三丝　　一张

第六号:四业堂诚记地二亩零五厘六毫　　五张

第七号:恒源公司地八亩六分二厘三毫三丝

第八号:四业堂诚记地八亩四分五厘一毫九丝　　一张

第九号:四业堂诚记地五亩三分二厘五毫三丝　　根契二张

第十号:恒源公司地十亩零九分四厘一毫八丝　　六张

第十一号:恒源公司地十八亩一分九厘一毫二丝　　图样一张

第十二号:四业堂诚记地二亩四分九厘二毫

第十三号:四业堂诚记地二亩六分七厘四毫　　老契一张

第十四号:四业堂诚记地二亩三分四厘一毫　　一张

第十五号:四业堂诚记地十七亩二分二厘六毫　　七张

以上共计新契15张、老契33张、内附图1张、纱厂机器洋文合同8纸,又厂房图1张、保险单6张,保洋2437500元。

民国十六年八月二十七日

进入20世纪30年代后,天津各大纱厂因为世界经济危机、棉贵纱贱和市场萎缩等原因陷入经营困境。恒源纱厂至1935年欠中国银行、中南银行、金城银行、盐业银行约200万元,总负债达到373.8万余元,自1926年至1934年八年间就支付利息高达266万元,平均每年30余万元;裕元纱厂1935年负债809.6万元,主要是金城银行、盐业银行和中南银行的借款,其负债远远超过资本总额,债务已无力偿付,有的纱厂不得不停产,需要金城银行、大陆银行等给予资金支持。

面对濒临倒闭或破产的企业,各个银行除了继续以借款等方式支持各纱厂外,作为债权方需要另辟蹊径,解决巨额债务问题。如果企业宣布破产,对银行来说将是一个重大的损失,因为在资不抵债的情况下,企业的全部资产被拍卖后只有三四折,对于债权方银行来说得不偿失。如1936年天津的宝成第三纺织公司破产拍卖,得价为137万元,而其所欠中国银行、浙江兴业银行等银行的债务就有200多万元。周作民等银行家们以加强对企业的控制,提高其经营管理的思路,对企业实行监管、代管和投资,这标志着银行资本直接向产业资本渗透,是银行经营的新开拓。

裕元纺织有限公司关于借款事致周作民的函
(1935年1月1日)

敬启者:

敝公司因历年纱业无利,积亏甚巨,已至无法营运,拟在短期内停工清理。关于职工遣散费约需洋6万元。敝公司水尽山穷,无力筹措,因念贵债权与敝公司休戚与共,对于此项遣散费事关保全厂产,拟请贵债权及日债权筹垫,藉资应付,其停工后之必要维持费,将来仍须仰仗贵两债权维持,以利善后。除函致日债权外,专函奉恳,即希查照,见复为盼。此致

 中债权代表 周作民先生

裕元纺织有限公司 谨启

民国二十四年一月一日

周作民致金城银行津行关于裕元纺织公司短期停工清理事宜转中方债权银行的函

(1935年1月7日)

敬密启者:

 倾据天津裕元纺织公司二十四年一月一日来函,为历年纱业积亏,无法营运,拟在短期间内停工清理,对于职工遣散费6万元,拟请由中日两债权筹垫。及以后必要维持费,亦须债权方面维持善后等因。据此除后该公司正照分转中债权各银行外,相应函达,捡抄该公司函稿一件,并希查照洽复为荷。此致

 天津金城银行

周作民 谨启

民国二十四年一月七日

银行对纱厂的监管自20世纪20年代后期开始实行,即银行在抵押放款期间,向企业派遣人员驻厂,对其财产、财务及经营进行监督,甚至必须将全部财产契据交由银行保管,由银行驻厂派员管理一切财务,未经银行

同意工厂不得移动或拆卸机器设备等财产。更为积极的方式是对企业的代管，即银行暂时取得企业的经营权。1935年，金城银行、中南银行两家为了解决恒源纱厂和北洋纱厂的债务问题，买下诚孚信托公司，对其业务进行调整后，使其成为专门管理棉纺织业的一家公司，随即将两家银行各出资30万元购得的北洋纱厂交由诚孚信托公司管理。天津恒源纱厂的债权人是由各个银行组成的银行团，1930年对纱厂实施派员监理，但是没有效果。1935年金城银行和中南银行与恒源纱厂签订新约，被两行接管，两行也委托诚孚信托公司代为管理。这样，两家纱厂均成为银行资本直接控制的企业，银行深度参与到企业的经营管理，形成了资本与企业的联合。

经银行委托诚孚信托公司接管的纱厂，通过采取增拨流动资金、改进经营管理等措施，生产经营情况较前期有所好转。例如，恒源纱厂被

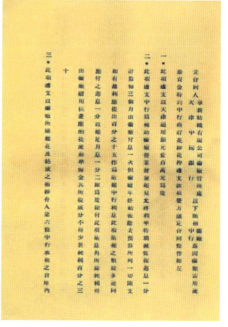

天津中国银行与华新纺织签订的花纱抵押透支合同

银行托管后,先后借款 200 万元,用以修理厂房,添购新机及各种设备,经过一番努力,厂内设备焕然一新,后来本息一律清偿,还发放了 1940—1942 年的各年度股息。北洋纱厂由诚孚公司代营后,于 1936 年七八月间复工,并聘请了国内有名的纺织专家朱梦苏任厂长。经过短时间的初步整顿,该厂的棉纱质量和产量均有所上升,产品逐步在市场上打开了销路,到这年年末结账时,净盈利已有 1 万元,一举扭转了过去朝不保夕的困难局面。

1936 年 8 月,中国银行天津分行为了挽回华北各地纱厂的颓势,制定了挽救华北纱业的计划。方法是:一、以严密条件接济各厂资金,助力其改革;二、银行用积极力量,通过真正的合作,树立纱厂信心,提高其威信。该计划得到总行的支持,但由于抗日战争全面爆发使得该计划搁浅。

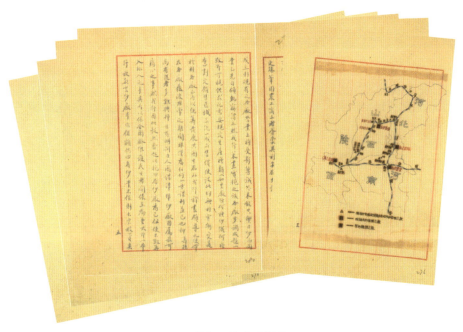

挽救华北纱业计划书

第二节 从无到有，金融支持
近代盐碱工业兴起的时代佳话

清末民初，旅居中国的外国人越来越多，外国人因为当时的中国粗盐盐质低劣，走私大量洋盐，每年走私入境的洋盐价值达十万元之多，国家的盐税收入受到很大损失。因此，建立自己的精盐工业，抵制洋盐输入，提高食盐质量，改善民众的生活水平和身体健康成为当务之急。

范旭东在日本京都大学学习应用化学，回国后在财政部工作，立志改良盐政和食盐生产工艺。1913年，范旭东在欧洲考察期间，看到欧洲各国精盐工业发达，深感中国制盐业的落后，于是决定回国后创办精盐企业。1914年7月，范旭东与景学铃向盐务署提出创建久大精盐公司的申请，计划聘请专门技师，利用新式机械，在塘沽设立精盐厂，制成纸包粉盐或砖

久大精盐公司旧厂全景

盐,行销通商口岸,以冀挽回利权。1915年4月久大精盐公司成立,这是全国第一家大型精盐制造企业。该公司成立时资本5万元,选举景学钤为董事长,范旭东为总经理。1916年4月6日,工厂正式投产生产精盐,产品商标为"海王星",雪白的精盐杂质少,氯化钠含量达到90%,改变了民众食用粗盐的历史,提高了民众的生活水平。

传统时期,民众食用和生活所用的是土碱,近代工业起步以后,纯碱是制造炸药、肥皂、纸张、玻璃、皮革、印染过程中必不可缺的化工原料,民众食用的碱面也多来自进口,称之为"洋碱",一直依靠从外国进口,且需求量日益增加,市场完全被外商垄断。纯碱是18世纪末由法国人人工合成的,其制作技术一直被西方封锁,英国卜内门公司独霸中国市场。第一次世界大战时,卜内门公司乘机囤积居奇,纯碱价格一度高于黄金,致使国内不少以碱为原料的工厂相继倒闭,亟需本国能够生产纯碱。对此,范旭东深受触动,决心一定要建立自己的纯碱工业,不能再仰人鼻息,让洋碱控制我们的国计民生。凭借着一套东拼西凑的碱厂图纸和一些设备,他计划在塘沽创办碱厂。1920年,经中华民国农商部批准注册,工厂定名为永利制碱公司,资本150万元,总部设在天津,在塘沽建厂。这是中国第一家近代化的大型碱厂。随后,天津和全国各地建立了多家化工生产企业,形成中国的化工行业,也是天津近代工业的支柱产业。

金城银行津行致总经理处关于久大精盐公司透支款项的函

（1923年3月16日）

总经理处台鉴:

查久大精盐公司透支津行洋40万元,合同行将期满,业经双方议妥继续商订,透支限额改为50万元。当经面陈总理核准在案,现在新合同业已签订,照录底稿,随函送祈鉴核,至祈察存,其旧合同即请检掷以便缴销,藉清手续为祷。专此,敬颂。

公绥

行 启

三月十六日

永利碱厂

范旭东诚邀当时在美国攻读博士的侯德榜回国任该厂工程师,研究制碱技术。当时先进的苏尔维制碱法技术一直被外国公司垄断,并建立了严密的保密措施,侯德榜带领科研团队经过数年的努力,于1926年研制成功,并投入生产。从此,中国有了自己制造的纯碱,打破了外商的市场垄断。1936年底,永利制碱公司的纯碱年产量达55410吨,烧碱4446吨,是建厂以来的最高纪录。据统计,从 1927 年到 1937 年,永利制碱公司的纯碱年产量翻了三番多,是我国纯碱产量最大、市场销量最多的制碱公司,产品远销日本、印度、东南亚一带。

专栏——业务风云往事

国货之光——著名的"红三角"牌商标

永利碱厂开办之初,因国内没有关于制造"洋碱"的相关经验,导致试验过程中问题频出。任永利碱厂总工程师兼制造部长的侯德榜沉着应对,亲自勘测,还鼓励广大职工,组织指导他们查阅资料,分阶段开展试验,逐一破解问题。功夫不负有心人,1926 年 6 月 29 日,雪白的纯碱在永利碱厂试制成功,

永利化学工业公司
红三角牌商标

品质品皆与洋碱等同,其中碳酸钠含量达到 99% 以上。当时正逢碱厂十周年厂庆,兴奋的范旭东将此事视为"中国基本化工伸出的第一支翅膀",为此,他特地拿了一挂鞭炮,登上屋顶燃放,以示庆祝。永利碱厂生产出的纯碱被命名为"红三角"牌纯碱。商标是一个圆环中间叠放着一个倒立红色三角形的图样。范旭东向北洋政府商标局提出的纯碱商标申请书中注明,"红三角"商标系"黑圈套红角,内绘坩埚"图样。其中,"坩埚"是用极耐火的材料制成的小罐,是化学工业中制碱时主要的反应容器,

反映了侯德榜带领团队用坩埚研制生成碱的艰辛过程,商标中的红色象征着燃烧的火苗。同时,红黑相间的商标醒目明快,让消费者一眼就能认出这是"红三角"牌国货纯碱,而非"洋碱",便于认牌选购。而之所以称为"纯碱",则取纯粹中国人自己出品的意思。

1926年,第16届"万国博览会"(即世博会)在美国费城召开,来自中国的"红三角"牌纯碱斩获大会荣誉奖章,成为我国最早获得国际大奖的化工产品,被评委誉为"中国工业进步的象征"。在主要展品仍为丝绸、瓷器、茶叶、漆器及手工刺绣等展品的中国展台上,横空出世的"红三角"牌纯碱以精良的品质一改外界对中国传统工业制品的印象,让世界看到了中国民族工业发展奋斗的成果,也标志着中国制碱工业已达到世界先进水平。此后,"红三角"牌纯碱还应邀参加了瑞士国际商品展览会,并荣获金奖。1930年,在比利时工商博览会上,"红三角"牌纯碱战胜了其他展品,再获金奖……载誉归来的"红三角"牌纯碱赢得了广泛的国际声誉,也为当时举步维艰的民族工业的发展带来了希望。同一年,经国民政府财政部批准,30年内免征永利制碱公司主要原料(盐)税,推动了永利碱厂的持续发展。

久大精盐公司和永利制碱公司,无论在天津近代工业中还是在全国近代工业中都是首创,开化工行业之先河。作为具有首创性的工业企业,所需资本规模大,风险大,还受到国际市场的排挤和压制。因此,这些企业的建立和经营需要社会名流的声援,更需要资金的支持。天津的华资银行出于支持民族工业的社会责任和个人情感等多重因素给予两公司长期的无私援助,有力地推动了企业的经营和发展。金城银行的总经理周作民在范旭东创办和经营这两家企业的过程中雪中送炭,成就了银行界的一段佳话。

金城银行除给予久大精盐公司长年的抵押放款外,还有数额较大的无抵押透支,1919年贷款26.5万元,到1927年贷款额猛增到78.5万元,增加近3倍。1921年永利碱厂创建时所需资本规模大,而且纯碱尚未研制成功,没有产品,风险极大,相对当时投资规模不大、流动资金有限、营业比较稳定、盈利高、资金周转较快的纱厂、面粉厂等行业来说,看不到回报的永利制碱公司并没有得到投资者的青睐,创办资本严重不足,远远不能应付创办和纯碱研制所需的资金;而且久大精盐公司所得利润毕竟有限,对永利制碱公司的帮助只是杯水车薪。金城银行总经理周作民与范旭东是莫逆之交,他作为公司股东,长期兼任永利公司董事长,并对公司给予长期的资金支持。永利制碱公司开办初期,金城银行以永利制碱

周作民

范旭东

公司资产作为抵押,直接给其贷款。1922年放贷13万元、1924年放贷15万元,该厂正式投产后借款增加到60万元。对新开办的企业实施透支具有很大的风险,金城银行却从永利公司开办的1921年就订立透支10万元的合同,而且透支的数额逐年增加,1924年增加到15万元,1925年超过了60万元。

1925年末,永利制碱公司向金城银行借入60万元准备购买新设备。由于借款金额巨大,金城银行害怕出现坏账,内部对该笔贷款意见分歧很大,起初津行负责人和一部分同事都不赞成。当时,久大精盐公司欠金城银行的借款已达七八十万元,行内同人也知道久大公司借去的钱都是为永利公司所用,而永利公司试行制碱一再失败,行中同人生怕这些放款难以收回。所以到1925年末,永利公司欲于久大公司借款外,再新增借款60万元时,津行不愿再放,但周作民认为可以放,便以总处名义通知津行照放,给予了永利公司关键支持。

20世纪30年代初,永利制碱公司计划扩大生产规模,筹建南京硫酸铔(铵的旧称)厂,尽管对生产硫酸铔的技术有相当把握,但同样面临资金困难,幸运的是得到金城银行、上海银行、中南银行、中国银行、浙江兴业银行等组成的银团共同投资和放款。银团首先对永利公司在金融方面进行调整,清理旧债,并增加资本。1934年3月,该公司更名为永利化学工业公司,资本增至350万元,新股由上海银行、金城银行和中南银行三家承购。兴办硫酸铔厂还需大量资金,1934年12月,永利公司以其现有及计划添置的全部财产向中国银行、上海银行、浙江兴业银行、金城银行、中南银行(合组银团)订立抵押透支借款550万元的合同,其中中国银行150万元、上海银行150万元、浙江兴业银行100万元、金城银行75万元、中南银行75万元。这笔借款专门用于兴办硫酸铔厂购地、建屋、购置设备,这是当时中国银行界对产业界所贷放的最大一笔款项,而且条件相当优惠。该合同还规定,待硫酸铔厂建成借款合同期满之日,由永利公司发行公司债550万元,将借款本息如数清偿。1936年5月,永利公司又与银团订立新的透支借款110万元合同。根据合同约定,永利公司于1936年7月筹备发行550万元公司债,其募集及付息还本事宜均委托银团五银行办理。在银团的支持下,1937年永利化学工业公司南京硫酸铔厂建成投产。

金城银行总行为永利借款事致函津行

(1936年12月8日)

照抄沪行津字第二二七号来函

津行台鉴:

一兹奉总经理处示:永利化学工业公司因扩充事业,呈准中政会将公司债额扩充为1500万元,拟于来年一月一日先发1000万元,我行担任数目新旧合计为200万元,惟新债定一月发行。在此期前,公司方面亟需款项应付暂向在团各行临时借垫,我行对此临时垫款担任数10万元,息按周率9厘计算,俟一月一日新债发行并入新债账内,此项临时借垫款项,敝与尊处应仍按原定比例平均分做,至一切详情容检齐全,案再行寄上,以备察阅。用先通知,即请台洽是荷。此颂。公绥

金城银行上海总行　启

民国二十五年十二月八日

第三节 金融对面粉及其他行业的扶持

一、金融对面粉业的扶持

早年间,天津百姓吃的面粉是用畜力拉石磨磨制而成,清代咸丰初年,这种磨坊在津已有800余家,所产面粉称"福地面",寓吉庆之意。1860年天津开埠后,"洋面"来到天津,物美价廉,对"福地面"冲击很大。曾任天津海关道台的朱其昂,于光绪四年(1878)在天津紫竹林村创办"贻来牟"火磨制粉厂,开天津机磨面粉之先河。由于规模小、产量低、经营差,虽然陆续有些小厂开工投产,但大多有始无终。

天津近代面粉工业(机制)正式始于1915年。第一次世界大战爆发后,进口面粉锐减,1915年朱清斋在意租界创办了天津第一家机制面粉厂——寿星面粉公司。由于资金不足,朱清斋不得不与日商三井洋行合作。该厂投产后,处处受日本人挟制,朱清斋异常气愤,但敢怒不敢言,不久因精神错乱而病亡,其兄朱漪斋、朱翰斋先后进厂维持生产。由于有日商背景,1919年五四运动兴起,寿星面粉大量积压,业务几乎停顿,曾任长芦盐运使的李宾四出资还清了三井洋行的资金,重组寿星面粉公司。1919—1923年,寿星面粉公司发展迅速,经营良好,日产量达4000袋。1923年,意租界当局借口改善环境卫生,强行拆除锅炉,改用电气动力,寿星公司因此遇到困难,1925年公司停业。三津磨房公会的孙俊卿、杨西园等投入资金,更新设备,将寿星面粉公司改组为三津寿丰面粉公司,由安徽督军倪嗣冲之子倪幼丹任董事长,孙俊卿任总经理。当时,天津兴建了近十家面粉厂,到1925年,天津的13家机器面粉厂共计资本354.2万元。但20世纪20年代后期,面粉市场受到美国、加拿大、澳大利亚进口面粉的挤压,加上连年内战,交通阻塞,粮食生产和运输及面粉销售陷入困境,在九一八事变后始终未能恢复此前的生产规模。有的面粉厂停产减产,有的重组或合并。庆丰公司停产6年后又重组成福星公司。三津寿丰、三津永年、民丰年记合并改组为寿丰面粉股份有限公司,分别为第一厂、第二厂和第三厂,共有资本170万元,磨粉机66部,成为华北地区最大的面粉厂。

面粉行业与棉纺织业相同,属于投资少、资金周转快、利润高的行业,但也是因为资金偏少,其抵御风险的能力较低,遇到外国面粉的挤压、小麦歉收造成的原料涨价,以及战乱引起的交通运输不畅等问题皆缺少应对的流动资金,需要银行予以扶持。天津的银行界出于扶植民族工业和能够较快收回资金等原因也不断以放款和投资等方式对面粉业给予支持。1923年,中南银行对天津的大丰面粉公司以无抵押方式透支10万元,随后又增加5万元,5万元以内月息9厘,超过5万元的月息增加到1分。1929年,已经歇业的天津嘉瑞面粉公司清偿债务,需用现金,向盐业银行寻求帮助,盐业银行以估价70万元的全部厂房和机器设备为抵押,借款35万元,定期1年,月息1分。金城银行曾经放款给天津的寿星、寿丰、大丰、庆丰、福星等面粉公司,也放款给华北其他城市的面粉公司,对面粉行业的放款金额在对全部工矿企业放款总额的比重——1919年为11.7万元,占14.1%,位于棉纺织和化工行业之后的第三位;1923年为53.7万元,占13.19%,位于棉纺织、化工和煤矿之后的第四位。之后,随着经济发展,银行对铁路、煤矿和公共事业等投资力度加大,对面粉行业的放款比重相对减少——1927年为59.6万元,占8.68%;1937年只占放款总额的0.66%。金城银行还对三津寿丰、大丰等面粉公司以购买股票等方式进行投资——1925年在三津寿丰公司改组增资时认购股票3万元,1936年认购改组后的青岛中兴面粉公司股票5万元,到1937年金城银行投资面粉行业13.2万元。

银行为了保证放款的安全,除了抵押放款外也如同对棉纺织业的资金支持一样,向面粉公司派遣人员驻厂,对其财产、财务、固定资产和经营进行监督。1926年,金城银行借款20万元给三星寿丰面粉公司,在合同中明文规定,由银行保荐一名会计兼出纳主任,常驻公司,公司所有账目银钱均须完全交由该主任经手管理,当该主任对账目收支有疑异时,随时可以请面粉公司切实说明,并报给银行。1934年,中国银行天津分行与寿丰福星面粉公司签订的抵押贷款合同中,也有相同的条款,并指明由银行遴派的会计主任每月由面粉公司付给津贴薪水200元;而且派出两名稽核员驻厂稽核库存押品。并且,银行还直接参与公司的经营管理,如集中人力,力求科学化,以期达到降低成本和产销合适的目的;对股息红利的分配和滚存、成本计算等方面也提出改进的方法。

二、金融对其他行业的扶持

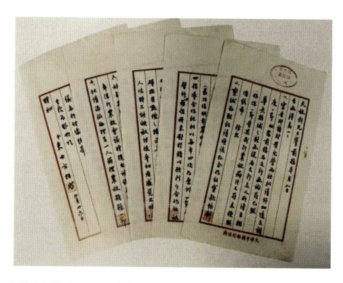

天津中国银行副经理束士方就农业放款工作事致农放指导员的信

铁道部关于交通部借款170万事宜致中南等银行函

（1932 年 12 月 16 日）

径启者。案查前北平交通部因拨还财政部垫款，于民国十四年一月二十日向贵行借银元170万元一款，历年来以平汉、津浦、平绥及北宁平榆段之邮件运费，按月拨交贵行等充作借款还本付息之用。嗣因时局关系，路收短少，致未能按时拨付，截至十七年年底止，本金遂增至226万余元。本部成立以后，曾以免计复息问题往返磋商，勉照贵行等意旨，自十八年起，收借款本息分别结算，不再计算复利在案。惟查是项借款既有相当担保，复有四路之邮件运费按月拨付，较之他债实处优越地位，而借款则以月息1息3厘计，存款则仅以年息3厘计，均于年终结算，并不按时，利随本减，是项借款将永无清付之期。查今昔利率情形不同，而本部各路与贵行等平日往来交易情感素深，自应重订办法，以期借款得以早日结束。请即派负责人员来部磋商，素念贵行等辅助公家具有热忱，此事定能予本部以协助，用特奉商，至希查照为荷。此致

北平中南、金城、盐业、大陆等四银行

部长：顾孟余

民国二十一年十二月十六日

中南银行总行关于合放津浦路局款项等事宜致天津分行函

（1925年10月27日）

津行台鉴：

接沪字224、225、226、227号来函均悉。

一函称此次北京大陆银行经手合放财政部借款洋60万元内有代敝处放洋25万已付敝册，另单报记抄来大陆函稿二件，财政部等函稿三件并致汇丰银行洋文函稿一件，嘱收阅。至应收预扣利息及汇水等，容收到再入敝册发单执记。等因。照收悉。

二抄来津浦路局来函稿一件照收。

三函称查本年六月廿一日津浦路局以沪宁、沪杭甬两路联运费担保向三行借款80万元内，计有敝处附放洋20万元，该联运费现已收过三、四、五、六四个月之款，按成分摊交存各行另立担保户，记载按合同原定本为五个月一结账。兹因时局关系，该局要求将担保户所存之款先行拨还借款一部分，三行已允照办。兹查敝处所摊存联运费洋共48082.68元，嘱按十月十九日期转入该局借款以期一律。等因。已聆悉照办。

四昨接来电"南请随船运津洋20万元津1024"译悉。兹交联升轮运上洋20万，当发一电："南交连升装津20万总1027"，琼荷译洽。附上提单一纸，祈收提复为荷。此颂

台绥

总行　启

民国十四年十月二十七日

中南银行总管理处关于陇海路局借款100万元事宜致天津分行函

（1936年6月3日）

径启者。陇海路管理局因老窑港码头附属设备购料需款,向交通、金城及本行续订借款国币100万元,分5月1日及7月1日两期拨付三行,摊借成分一仍旧惯。业经双方协议签订新约,所有本行承借部分,应仍归沪、津两行各半担任。本年5月1日拨付之第一期款50万元,致于6月1日拨付内本行应担国币15万元,业由沪行如数拨付内7.5万元应归津行担任。除由沪行另行接洽外,特此函达,随函抄附上项新借款合同抄底一份,呈望收洽。此致

天津分行

总管理处　启

民国二十五年六月三日

附合同抄底一件:订立合同

陇海铁路管理局(以下简称"路局")、交通、金城、中南银行(以下简称"银行"),兹因陇海铁路老窑海港码头附属设备购料需款,续向银行息借款项,以资应用。双方订定条款如下:

一、借款总额定为国币100万元,民国二十五年五月一日及七月一日分两期拨付,各为50万元。

二、借款利率定为五月,息九厘,自本年8月1日起按月拨付一次,利随本减。

三、本借款除应拨息款由路局按月照拨外,并应自本年10月1日起由路局按照下列各数每月拨足作为还本之用。

民国25年10月1日　　　　　　　　　　5万元

同年 11 月 1 日及 12 月 1 日	7.5 万元
(民国)26 年 1 月 1 日	7.5 万元
同年 2 月 1 日	5 万元
同年 3 月 1 日至 7 月 1 日	每月各 6 万元
同年 8 月 1 日	7.5 万元
同年 9 月 1 日至 11 月 1 日	每月各 10 万元

四、本借款以陇海路枣赵支线中兴煤矿公司运煤借款为担保,该款应由中兴公司每月扣拨,每吨 1 元径交银行为本借款还本之用。每月结算如有不敷,仍由路局补足各该月份应拨之数。此项办法,应由路局转知中兴公司出示证明。

五、本借款在本息未还清以前,如银行有必要时,得请求路局提前一次清还。

六、路局对于银行承办押进之债物,允按协商办法予以充分便利。

七、本合同应缮签同式 3 份,路、行双方各执一份,其余一份由路局呈送铁道部备案。

陇海铁路管理局局长

交通银行

金城银行

中南银行

民国二十五年五月二十六日

查本合同因路局于 5 月底奉到部令批准已逾原定履行时期,所有本合同第三条所载拨款暨还本时期应一律顺延一个月办理,特附说明。

注:原文竖排,原文"如左"为今文"如下",原文"左列"为今文"下列"。

天津银行公会关于井陉煤矿担保借款事宜致中南银行函

（1925年7月9日）

径启者。关于井陉矿局担保借款一事，昨经谈话会接洽，由会拟具借款合同草案开会公决。等因。除另单通知准于明日下午五时开会员会议外，兹先将合同草案备函送上。即祈台阅。该草案如有应行修改之处以及贵行有无提出意见统希到会发表以便共同讨论为盼。此致

中南银行

天津银行公会　启

民国十四年七月九日

中南银行总行关于与金城银行合放北票煤矿借款等事宜致天津分行函

（1925年11月7日）

津行台鉴：

接沪字236号来函。已悉。

一、函称尊处暨金城合放与北票煤矿公司洋20万元借款，嘱向北票沪厂索取栈单一节，已悉。俟该栈单收到再行函告可也。附下合同稿及来函稿各一件照收。

二、接来电"南请收麦加利4万美丰行3万利和2万永增合全记各1万共11万两随市进洋20万元运津妥复津1106"，译悉。均照收妥洋。已照7251代进当复一电："南洋照7251代进美丰

等11万收妥总1107"。谅邀译洽。此颂

台绥

总行　启

民国十四年十一月七日

贾汪煤矿公司与天津大陆银行订立往来存款透支2万元契约

（1926年3月31日）

契约

立往来透支契约人贾汪公司，今与天津大陆银行约定，于往来存款之外得透支2万元。所有下列条件均愿遵守，立此为据。

一、支票支用之数目，不得超过约定透支数目之外。

二、所定透支数目依大陆银行之便，虽在约定透支制限以内，亦得由大陆银行随时通知停止至透支，款项虽未到期，大陆银行亦可随时请求归还本利。

三、透支款项按月一分行息，每年六月十二月各结算一次。

四、本契约之透支款项，以民国丙寅年十二月底日为限，届时需将本利一律还清。

五、如在期限中透支人不能遵守以上各条办理或到期不将透支款项本利还清，应由保证人负完全偿还之责。

立契约人：贾汪煤矿公司

保人：袁述之

见证人：汪馨山

民国十五年三月三十一日

注：原文竖排，原文"左列"为今文"下列"。

第四章　风云翘楚
——近代天津金融人物

在近代天津百年金融发展历程中,涌现出了许多金融界的风云人物,他们为近代中国民族实业和金融业发展做出了巨大贡献。

第一节　百年中行的先驱者——卞白眉

卞白眉(1884—1968),名寿孙,江苏仪征人,中国近代著名银行家。早年赴美国布朗大学攻读政治经济学,获学士学位。1912年,卞白眉学成归国,经后来任中国银行总裁的孙多森介绍,参加了大清银行的善后和中国银行的筹建工作。中国银行成立后,担任发行局佐理,后升任总稽核。1916年,卞白眉因不满北洋政府明令停止中国银行、交通银行钞券兑现,辞职移居天津,协助孙多森筹办中孚银行,任中孚银行总管理处主任秘书兼总稽核。1918年,冯耿生、张嘉璈出任中国银行正、副总裁,力邀卞白眉重返中国银行,出任中国银行天津分行副经理,不久将其晋升为经理。

到中国银行天津分行任职后,卞白眉根据国家银行的宗旨,扩展经营范围,改进经营方式,推动银行业务发展。1924年起,根据总行实行区行管辖制的决定,中国银行天津分行成为华北地区的管辖行,统管北京、天津、河北、山西、陕西、河南、察哈尔、绥远(察哈尔、绥远为中国原省级行政区,察、绥是其简称。此处所提省份以当时的历史区划为准)六省二市的业务。在20世纪二三十年代的中国银行,有"南宋北卞"之说,"北卞"即指执掌天津分行的卞白眉。

在经营中国银行天津分行的过程中,卞白眉逐渐感到外汇业务的重要性,认为银行经营外汇业务是必然趋势。为扶持华商对外贸易的开展,卞白眉请示总行同意后,在中国银行天津分行开办外汇业务。中国银行天津分行办理外汇业务时,卞白眉要求一定要做到"收支平衡、不亏不长",若当天外汇进出发生差额致使账面不平衡,须将外汇折成黄金,以抵补当日外汇的缺额。经过一段时间的努力,天津分行的外汇业务蒸蒸日上,与麦加利银行、花旗银行等平分秋色。同时,为扩大出口货源,扶植内地土特产外运,卞白眉还拨专款100万元用于内地押汇业务,并在华北各省、区分支行设立仓库,方便各地客商就地办理抵押贷款、押汇贷款、打包贷款和出口押汇贷款等业务。

卞白眉深知民族工商业发展的艰辛,在遇到金融危机时,他带领各银行积极支持民族工商业发展。棉纱布行业是天津的传统产业,一战时由于货源短缺、外汇下跌,市场价格攀升,经营棉布业的商人获利颇丰。战争结束后,英镑汇价猛涨,棉纱布进口成本提高,天津许多进口棉纱布的商号亏损严重,棉纱布商请卞白眉帮忙渡过难关。经卞白眉出面与汇丰银行、麦加利银行磋商,最终由棉纱布商、洋行、中国银行共同解决了此次危机。20世纪30年代初，华北地区连年灾害，农村经济遭受严重损失。自1934年开始，卞白眉在中国银行天津分行开办农业贷款，以支持农民购买牲畜、农具、化肥、良种等。同时，九一八事变后，华北民族工业中的纱厂大多陷入经营困境，积欠各大银行贷款。为将欠中国银行的贷款变成投资，卞白眉请示中国银行总行后，于1935年接管了郑州豫丰纱厂，其后又决定投资雍裕、晋华、晋生等纱厂，既盘活了资金，又支持了民族工商业的发展。

1937年7月，日军占领天津后伪联银币尚未发行，日伪当局急需法币抢购物资，于是威逼中国银行、交通银行共同向日本横滨正金银行和朝鲜银行透支300万元法币，卞白眉无奈下允诺透支20万元法币。但日本兴中公司负责人十河信二却致函天津银行公会和河北省银行，定要两家共同筹集300万元法币。卞白眉亲往日租界十河信二住宅说明筹集法币困难，无力实行。十河信二非常不满，对卞白眉危言恫吓，但卞白眉毫不畏惧，不欢而散。日本人不肯善罢甘休，又提出以金票300万元调换法币300万元，还蛮横要求中国银行将所换金票存入库中不准动用，被卞白眉拒绝。

卞白眉除任中国银行天津分行经理外，还任天津银行公会会长，天津市商会执委、常委，天津英租界华人董事等，并曾担任南开大学、新学书院、耀华中学、中西女中、汇文中学的董事或董事长。

1938年，卞白眉离津赴香港，组建中国银行天津分行驻香港办事处，仍然遥领天津分行，直至太平洋战争爆发。抗战期间，他先后担任中国银行总行发行集中委员会主任委员、代理总稽核，1943年任中国银行副总经理，1951年移居美国，1968年在美病故。

卞白眉自1914年起坚持写日记，每年一册，并各标名目，如《思痛龛日记》《慎微斋日记》《求不能斋日记》《困勉斋日记》《觉进斋日记》等，逐日记载了有关国内特别是天津的政治、经济活动情况，对研究中国近代史，尤其是财政金融史具有极大的价值和意义。1983年，卞白眉的后人遵照其遗嘱，将其1914年至1949年间记的二十余卷日记（中间断缺7年）运回祖国，捐赠给天津市政协文史资料委员会，希望将他的精神遗产留给他曾生活和工作了二十余年的第二故乡——天津。

专栏——金融人物轶事

平息两次挤兑风潮

卞白眉精通银行业务，在津期间曾成功平息两次挤兑风潮。第一次是1921年末，由于北洋政府借款、公债到期，引发北京、天津中国银行挤兑风潮。卞白眉采取应急措施，通知各代理发行银行补足六成现金准备，商请上海分行运至天津现洋150万元，与三津磨房公会商妥预存现洋5万元，并通知全市1300多家米面铺收取中国银行钞券，以示保证兑现，当月就平息了挤兑风潮。第二次是1935年春，由于美国提高白银价格，天津外商银行和日、法租界内的一些银号钱庄为牟取暴利私运现洋出关。同时，日本侵略者为扰乱华北金融业，指使日本浪人武装走私白银，并到中国银行、交通银行挤兑现洋。卞白眉除向总行申报备足现洋外，又通令华北各地分支行大量吸收现洋存款，源源不断运至平津，增强库存，同时通过当局与日本交涉，限制其兑现，又平息了一次平津挤兑风潮。

第二节 心怀家国的金融家——周作民

周作民(1884—1955),原名维新,江苏淮安人,近代著名银行家。早年留学日本,1917年,与倪嗣冲、徐树铮、吴鼎昌、胡笔江等军、政、金融界名人联合成立金城银行,设总行于天津并由其出任总经理。他精明强干,在经营金城银行的过程中探索出了一条通过金融资本振兴民族实业的道路。

在周作民的经营下,金城银行自1917—1927年十年间获净利1065万元,在当时的商业银行中极为耀眼。金城银行创建之初,正值我国民族工业兴起之时,周作民对发展民族工商业的重要性有着非常清醒的认识,他在1918年12月29日召开的董事会上说,"银行与工商业本有绝大关系,工商业发达,银行斯可发达,故银行对于工商业之投资,自系天职。而投资之目的则有二,一是专谋营业上之利益,二是助长工商事业之发展"。据统计,金城银行1919年对工矿企业的放款为83万元,到1923年则增至近700万元,重点是扶持"三白一黑",即纺织、化工、面粉、煤矿四大工业行业。金城银行在20世纪30年代前放款的工矿企业有100多家,放款在1万元以上的有纺织业22家、化学工业6家、面粉业10家、煤矿11家、食品4家、烟酒2家、印刷2家、建筑业2家、机电2家、皮革2家,是商业银行支持近代工业的翘楚。其中,金城银行对永利制碱公司的资助和对民族纺织业发展的支持都是中国近代金融史上的美谈。

金城银行在加强与民族工商业联系的同时,自身实力迅速增强,业务量大增,存款额一度居全国商业银行之首,跻身全国十大银行之列,在华北地区与中国银行、交通银行和盐业银行并驾齐驱,是中国近代重要的私营银行之一。1921年,金城银行与盐业银行、中南银行组成联营机构,办理各种业务,次年大陆银行加入,成为与"南三行"齐名的"北四行",后共同成立了四行准备库和四行储蓄会。金城银行在四行联营中提升了资金运用实力,巩固了其在华北乃至整个中国金融界的优势地位,提升了金城银行的社会信誉,成为"北四行"的主要支柱。同时,"北四行"的业务也得到了飞速发展,1934年,"北四行"联营集团总资本达3250万元,为国内最大的私营银行集团。

抗日战争时期,周作民专注银行业务,坚决不与日方合作。抗日战争胜利后,周作民与中共地下组织有所接触,与李济深等民主人士也有秘密往来。1949年初,周作民得知华北解放后缺乏物资,尤其急需药品,就以金城银行下属恒丰公司的名义租用了一艘海轮,装运药品及小五金等商品送到天津,随船还有几位著名民主人士北上。这次北运商品连同运费共花去104万元港币,回程装煤9600吨,售出后得款40万元港币,亏损64万元港币。周作民说:"这笔交易虽然亏损不少,但金城银行对人民也算做了一些事,是值得的。"1950年,周作民从香港乘船到达天津,是解放后老一辈金融界领军人物中返回内地的第一人。周恩来总理特派专人到天津迎接,李济深也前往欢迎。周作民返回内地后受到党和政府的重视和照顾,被特邀担任全国政协委员。

1955年1月,周作民在上海视察行务时,旧疾心脏病突发,于3月8日晨病故,终年71岁。在周作民故去后不久,家属秉承其遗愿,将他名下30余万美元的美国证券、人民币约100万元的金城银行股票,连同5300册图书,1405件名人字画碑帖、瓷器铜器等珍贵文物全部捐献给国家,体现了周作民崇高的爱国情怀。

带头推进公私合营

周作民回到内地后,组织金城、盐业、中南、大陆等行,以及由四行储蓄会改组而来的联合信托银行实行五行联营、联管,周作民被推举为董事长。他在领导北五行公私合营以及银钱业全行业的公私合营中都发挥了带头作用。1951年9月,金城银行与其他知名银行正式公私合营。在公私合营清产核资时,金城银行由于在工业方面投资比重较大,股本有所升值,周作民感到很欣慰。他说:"我主持金城几十年,最后有这样的结果,也算对得起股东了。"公私合营后,周作民把他本人持有的全部金城银行和其他银行股票约90多万元以及私藏书籍捐献给公私合营银行董事会,作为新民图书馆的基金。1952年12月,私营金融业实行全行业合营,成立公私合营银行联合董事会,周作民被任命为五名副董事长之一。

第三节 北方实业巨擘——周学熙

周学熙（1866—1947），字缉之，别号止庵，安徽至德（今东至）人，中国近代著名实业家。周学熙曾任开平矿务局总办，1900年因拒不副签出卖开平矿务局的合约而辞去总办职务。1903年，周学熙在天津创办直隶工艺总局，任该局总办，开办劝业铁工厂、考工厂（后改名为劝工陈列所）等北洋实业，在直隶省府厅州县等地开设工艺局所65处，都由总局传习指导。天津工商业为之一振，也奠定了北方实业基础。因此，周学熙被誉为北方实业巨擘，与南通张謇并称为"南张北周"，是近代民族工业创始人之一。他还兴办新式学堂，通过工艺局等将教育与实业结合起来，并取得显著成绩，既推动了天津早期工商业发展，又开创发展了天津近代的新式教育和职业教育。

周学熙一生致力于兴办工业，在利用金融兴办实业上有着独到之处。1905年7月，周学熙署天津道仍兼各局总办，次年兼督办天津官银号。他拟订《天津官银号总章程》，改变过去专为官方服务的宗旨，增加营业项目，扩大储蓄范围，促进市面金融流通，为振兴天津工商业发展贡献颇丰。为支持兴办实业聚集更多资金，他还利用掌管的各局财权，把各局官款存入官银号生息。他在官银号旁开办博济储蓄银号，以各种储蓄方式招揽社会存款，吸收游资，并利用贷出款项开办了各种实业企业。

1906年，周学熙开办启新洋灰公司和滦州矿务公司。启新从开办后一直有高额利润，滦矿与开平联合后更获得显著效益，它们共同构成北洋实业的两大支柱。不久，周学熙又创办了华新纺织公司和耀华玻璃公司，规模都很大，发行的股票也成为抢手货。周学熙通过当时天津的华商银行吸收各大工矿企业存款和开办贷款业务的现象，认识到企业和银行之间具有密不可分的关系，产生了"欲发展实业必须设有相应的金融机关"的想法。他说："盖必先有健全之金融，而后能有奋兴之实业，此全在主持营运者，善于利用及维护之而已。"他主张建立一个为发展实业服务的金融机构。1919年4月，中国实业银行开业，银行资本定为2000万元，实收资本200万元，总行设在天津。周学熙除将滦矿、启新所谓"新事业专款"的部分资金及两家公司股东之股息、花红转为银行资本入股外，还利用在政府财政部门的影响力，由北洋政府指令长芦、两淮等盐引商人投资。为得到政府方面的支持，他还努力获取了一部分北洋军阀、官僚和政客等的资金支持，如徐世昌、熊希龄、孟恩远、曹汝霖、田中玉、陈光远、钱能训。周学熙自任银行总经理，启新洋灰公司股东及时任中国银行总裁的李士伟为协理。总行设立后，陆续在北京、济南、上海设立分行。为照顾华新纺织公司的四家纱厂，后又在青岛、唐山、新乡设立支行或办事处。

周学熙为了扩充实业银行的资金，将金融资本转入工业资本，采用了他在清末掌管天津官银号兴办北洋实业的老办法：一方面，让中国实业银行设立各种储蓄名目，招揽社会存款，增强银行实力；另一方面，发行纸钞和公司股票、债券强化银行与工业企业的联合。中国实业银行拥有"龙马"图案钞票的发行权，钞票上画的是"龙马"图案，以表示与启新洋灰公司的"飞马牌"洋灰属于一个系统。该钞票在唐山开滦与启新矿场上流通使用，矿工们称之为"马牌钞票"。1912年，周学熙创办唐山、卫辉两家纱厂时,中国实业银行专门发行了180万元的公司债券。为了耀华玻璃公司的发展,中国实业银行为其提供了60万元的贷款。这些举措,都有效地保证了企业的正常运转,带来了可观的效益。正是由于周学熙的努力,工业资本和银行资本得以有机结合,工业资本更为集中,成为发展工业的后盾,进而形成由银行和十几家企业有机构成的以周学熙为主导的实业集团。

专栏——金融人物轶事

从"以滦收开"到"以滦合开"

1906年,为收复开平煤矿,周学熙制订了"以滦收开"的计划,创办滦州煤矿,将开平矿脉团团围住,希望通过竞争击垮开平煤矿,最终达到收回的目的。双方缠战多年,均损失惨重,周学熙也承受了很大的内外部压力。最后,英商开始寻求两矿联合经营,两矿产业之享有,与矿界之规定,仍各自为主体,不得相互侵越;遵守中国矿章,由政府派员驻矿督办,以维主体;盈余支配规定,30万镑以内开六滦四,30万镑以外则彼此平分;明定十年之后,滦矿有收回开平之权。当时国体变更,政府不愿开罪英邦,对收回开平交涉已置之不谈,周学熙外念主权之重要,内顾营业之困难,经济方面无援,势将败于英商之手,而股东愿与开平联合,故不得不放弃"以滦收开"的初衷,而改为承认"以滦合开"之事实。1912年开滦合并,总局设天津,众推周学熙任华人督办,周学熙坚辞不就,只担任滦州矿务公司正主任董事一职,并书一联

"孤忠唯有天知我,万事当思后视今"悬于厅内,以表达其抱憾良深之情。1924年,周学熙辞去正主任董事之职。

第四节 爱国华侨巨商——黄奕住

黄奕住(1868—1945),出生于福建省泉州市,印尼著名的爱国华侨企业家和社会活动家,中南银行的创办者。他从摆摊卖货开始,后来专营蔗糖业获利,成为东南亚四大糖商之一。第一次世界大战结束后,黄奕住思乡心切,与其子黄钦书、黄浴沂等商量处理了在印尼的产业,于1919年4月结束了他侨居印尼35年的生活及事业,返回国内,定居厦门鼓浪屿。1945年,黄奕住在上海病逝。

黄奕住在印尼三十多年的商海沉浮中,深刻感受到了银行的重要作用。特别是在1917年,华侨糖商遇到困难时遭到荷兰银行资本的掣肘和刁难,使他深感建立民族资本银行的重要性。1919年他归国考察时,认为"我国幅员辽阔,未开辟之利甚多……我侨商眷念祖国,极思联袂来归,举办实业。待实业致举办,必持资金为转输,而转输之枢纽,要以银行为首务"。在此前后,《申报》馆主史量才出国访问,在雅加达遇到黄奕住,黄奕住与史量才一见如故,将自己试图回国创办银行的想法告知史量才,并委托史量才物色管理银行的合适人选。史量才通过上海溥益纱厂的老板徐静仁,接触到了刚刚从交通银行辞职赋闲在家的胡笔江,一拍即合。于是,1920年,黄、胡、史等人开始筹建银行,定资本2000万银元,先收1/4,黄奕住认股70%,余股由胡笔江招股,胡笔江与史量才都参与了投资。"中南银行"之名,取中国金融、工商界人士和南洋华侨合营之意。1921年7月5日该行正式开业,行址定在上海汉口路110号,黄奕住为董事长,胡笔江为总经理。中南银行由于有侨商的巨资支持,资本实力比较雄厚。黄奕住还不失时机地向北洋政府币制局提出希望获得发钞许可的请求,并说明给予中南银行发钞权的利益所在,获得币制局的批准和支持。随着业务的发展,中南银行在天津、厦门、武汉、广州、南京、苏州、杭州及香港等地设立了分行,北京设有办事处。中南银行其业务重心在京津两地,天津分行后来与金城银行、盐业银行、大陆银行组成了赫赫有名的"北四行"联盟。中南银行通过放款等方式,积极扶植民族工业发展,对天津北洋纺织公司(占50%股份)、天津永利化学工业公司、天津启新洋灰公司等天津工业企业的发展给予了有力支持。

第五节 最"精明"的银行家——谈荔孙

谈荔孙(1880—1933),字丹崖,原籍江苏无锡,出生于淮安。1904年,考取官费留学生留学日本,入东京高等商业学校攻读银行经济专科。1908年回国,任江南高、中两等商业学堂教务长兼银行经济教学,同年任度支部(户部)主事。1911年任大清银行稽核。1912年任中国银行计算局局长,不久转任国库局局长。1914年调任中国银行南京分行经理。1918年任中国银行北京分行经理。1919年大陆银行总行成立,谈荔孙出任总经理。

1918 年，谈荔孙在北京任中国银行北京
分行经理时感到中国银行名为金融机构，实
为官场，业务和人事等与政治背景关系甚深，
难以施展抱负，决心创办商业银行。他曾参
与筹建周作民创办的金城银行，后经人介绍
拜会总统冯国璋，得其支持开始创办大陆银
行。在筹措开办资本时，由于有冯国璋在后
台支持，得到军阀、官僚、财政界人物的投资。
大陆银行开业时，谈荔孙同时兼任中国银行

北京分行行长，一时无暇顾及大陆银行的业务，便请自己的学生曹国嘉出
面维持银行日常事务。有人指责谈荔孙身为中国银行北京分行行长，又
兼任商业银行职务，有公私不分之嫌。谈荔孙闻讯，立即辞去中国银行职
务，专任大陆银行董事长兼总经理，以便实现自己利用商业银行振兴中国
实业的志向。

作为大陆银行的"掌门人"，谈荔孙在创立大陆银行到 1933 年他辞世
这近 14 年中，对大陆银行可以说是精心操持、鞠躬尽瘁。具备丰富银行知
识和工作经验的谈荔孙对于主持大陆银行有自己独到的见解。在当时外
国银行猛烈冲击、华资银行普遍不景气的境况下，大陆银行能脱颖而出，
业务蒸蒸日上，谈荔孙功不可没。可以说，大陆银行的发展与谈荔孙出色
的经营理念、独到的企业考核制度和人性化的员工管理办法密不可分。

谈荔孙主持大陆银行，一个重要的经营理念就是服务社会。为支持
民族工商业同外商争夺市场，为在外货倾销面前维持民族工商业的生存，
他做出了种种努力。如对南通大生纱厂、六和沟煤矿、龙烟铁矿、平绥铁

路、天津电话局等企业，或单独投资，或联合同业协力扶助。在对常州纺织公司、上海长丰面粉公司、中兴烟草公司、苏州华盛纸厂的放款中，因各借款户营业失败而导致所欠款项无收回希望时，大陆银行一是没去打官司，二是没有因此改变对民族工业的支持态度。谈荔孙针对中国社会的社情民风，推行了一项"特种定期存款"，客户一次存入171.51元，定期15年，15年后可得本息1000元。在当时动荡不安的社会环境下，此项储蓄对于养老、丧葬、子女教育、婚嫁等都很实用，深受民众欢迎。开办当年，天津就有储户1100多户，又过几年，各地发展到6300多户。仅此一项，大陆银行即获得了长达15年的107余万元固定存款，相当于大陆银行股资的十分之一。除此之外，谈荔孙还推出了儿女教育储金、子女婚嫁储金、家庭日用储金、娱老储金、劳工储金等各项基金储金，以适应各类不同层次、不同年龄的储户需要。

谈荔孙经营大陆银行既稳健扎实，又不乏开拓之风。谈荔孙对贷款采取慎重稳健的方针，对贷款的条件制定了严格的规定。他重视对市场信息的调查研究，掌握贷款户的真实情况，由此避免巨额贷款和投资的损失。在1932年一次行务会议上他说，"大陆银行的营业要步步为营，沉着迈进，无论什么事，想到进取，首先要考虑到失败，应该多留余地"。这些都反映了谈荔孙稳健、扎实的经营作风。

谈荔孙对行员的管理十分严格，他在内部制定的规章制度中对行员奖惩、行员请假、行员旅费、行员遣散、行员恤养金、练习生服务以及接待顾客等都拟出了规则，经过几次修订，日趋健全，极大提高了银行内部办事系统的效率。他尤其重视行员接待顾客的态度，要求行员在接待顾客的时候应殷勤和蔼，言语应端庄流利，无论什么顾客都要起立到柜台前接洽，不得随意在座答话，询问顾客时不能大呼小叫，递给顾客款项、单据时不准任意抛掷、怠慢顾客等。正是由于谈荔孙采取了这一系列的有效措施，才使得大陆银行高效运转，成为当时银行业中的佼佼者，谈荔孙本人也成为中国近代著名的金融家。

专栏——金融人物轶事

平息协和贸易公司倒账案

　　1927年，天津协和贸易公司倒闭，在金融界引起轩然大波。协和贸易公司经营进出口业务，以空头仓库栈单作为抵押向各银行借款，很多银行没有对抵押物的真实性进行充分调研就对该公司放款。协和贸易公司因巨额亏损宣布破产之后，各银行受到严重倒账损失，一时间受骗款高达数百万元。大陆银行对协和贸易公司也放过抵押贷款，最多时达90余万元。谈荔孙经过调查，对其实力产生怀疑，并最终了解到真实状况，立即决定对所有协和公司抵押借款到期的决不转期，逐渐将抵押贷款本利按期收回，余下的6万多元抵押借款也迫使其结清，一周后协和公司便宣告破产。在天津的"北四行"中以中南银行遭受倒账最多，金城、盐业等行也受到一定损失，唯独大陆银行一家虽也与该公司有放款关系，却并未遭受任何损失，深受当时同业间的称赞，认为该行大有见识。

第六节 亦官亦商的传奇——吴调卿

吴调卿（1850—1928），名懋鼎，又名荫伯，江西婺源人，是中国近代史上一位亦官亦商的重要人物，曾任汇丰银行天津分行首席买办、关内外铁路总局督办、京师农工商总局督办大臣等。

1867年，17岁的吴调卿进入英国汇丰银行上海分行，由于办事精细、工作勤奋，很快成为上海分行的副买办。汇丰银行在天津开设分行之后，吴调卿成为天津分行的首席买办，享受总行代表的权力。作为第一家来到天津的外资银行，汇丰银行天津分行设立之后业务能快速发展，与吴调卿密切相关。吴调卿利用与李鸿章、袁世凯等人的关系，使汇丰银行对政府的贷款越来越多，数目越来越大。汇丰银行提供的贷款主要是以中央政府的关税和盐税为担保，于是汇丰银行获取了中国两大中央税收的存管权。平均每年1.57亿银两的关税和盐税通过汇丰银行汇集和转拨，由于贷款利率高、折扣大、期限短，还有外汇汇率差价、债票与实质差价、手续费等因素，汇丰银行每年利润达200万港元以上。储蓄也是吴调卿上任后的重要业务——分行成立前，储蓄主要吸收外国在华企业业务周转中的间歇金；分行成立后，储蓄业务扩展到清廷要人。吴调卿凭借其关系，使李鸿章等达官贵人纷纷在汇丰银行存款。

由于汇丰银行掌控对外贸易的资金往来和汇率，促进了洋行在天津的进出口贸易,汇丰银行天津分行成立不到3年,天津进出口贸易值就大增。1883年英国驻津总领事报告说:"汇丰银行在这个港口有一个营业鼎盛的分行,使得天津的洋行在金融周转方面得以享受和上海洋行同样的便利,能够直接进口,节省了上海转运的费用,从而得以通过较低的价格把货物运到天津。"汇丰银行还享有在中国的货币发行权,其凭借特权一直在中国通商口岸发行货币,发行货币成为天津分行的主要业务之一。

吴调卿致力于创办和发展天津的近代工业。20世纪前,天津仅有5家民族资本经营的企业,即贻来牟机器磨房、德泰机器厂、天津自来火公司、北洋织绒厂、北洋硝皮厂,其中后3家为吴调卿投资创办。

19世纪末,便捷的火柴逐步进入中国城市民众的家庭,由于都是外国进口的舶来品,故而被称为"洋火""自来火"。随着火柴需求量增大,每年的进口量迅速增加,造成利权外溢。具有经济头脑的吴调卿看准了这个有发展潜力的市场,于1886年冬禀请北洋大臣李鸿章集资1.5万银两开办天津自来火公司。得到李鸿章批准后,吴调卿在紫竹林外贺家口设厂生产火柴。该厂建成后不久的1891年不慎失火,吴调卿决定公开招股,扩大生产,结果集资4.5万银两,其中吴调卿出资1.4万银两,并取得了在直隶省享受制造火柴15年的专利权,其产品除本地销售外,还沿运河南下到河南等地。

1897年,吴调卿又向直隶总督兼北洋大臣王文韶申请设立织绒厂,其理由是"北洋出口之货,以驼绒、羊毛为大宗,就地购机,仿造呢绒、羽毯等物,亦可渐开利源",即意在挽回利权。经清廷批准后,他于翌年8月在英租界投资25万两白银建立北洋织绒厂,专门生产毛毯、军衣等毛织品,厂内还设有硝皮车间。该厂设备先进,能生产上等毛布、毛毯及其他毛织品,产品面市后,受到消费市场的欢迎,成为近代化陆军北洋陆军军服的主要供应来源。1900年,北洋织绒厂在庚子事变中被炮火击毁。

1903年,吴调卿准备进军硝皮生意。他向当时的直隶总督兼北洋大臣袁世凯提出申请,"仍拟自筹资本,赴外洋订购头等机器,选雇工师来华作为教习,即在天津购地建造厂屋,一切办法,悉照前次成功办理"。吴调卿此次集资不求官款,不募商股,而且还提出每年获利两成充公用,这一做法得到当时正在天津推行振兴实业的袁世凯的大力推崇。北洋硝皮厂由英国设计师卡尔塔担任设计,厂内设有石灰槽5个、鞣皮机15个、大鼓形回转槽2个。机械类设备有底皮完成机、磨光机、压伸机、里皮削剥机等。工厂最初有职工40名,由于市场需求量的增加,工厂发展很快,后来用工量达到500人,最多时达到1000人。

第七节 乱世弄潮的金融巨子——胡笔江

胡笔江(1881—1938),原名敏贤,后更名为筠。祖籍江苏镇江,出生于江苏江都县。早年曾在钱庄、银号工作,后经人介绍,进入交通银行北京分行任调查专员,1914年任交通银行北京分行经理。结识南洋富商黄奕住后,二人合议成立中南银行。中南银行于1921年在上海正式开业,黄奕住任董事长,胡笔江任总经理,银行的具体业务由胡笔江主持。中南银行成立后,随即在京、津设立办事处,开办后吸收军阀官僚存款甚多,此后在天津等地设立分行。

中南银行能和金城银行、盐业银行、大陆银行并列为"北四行",并获得在北洋政府时期的钞票发行权,与胡笔江的悉心谋划和全力经营密不可分。1921年,位于天津的盐业、中南、金城三行宣布联合营业,此后,大陆银行加入,改为四行联营,即形成中国银行业的"北四行"。中南银行有钞票发行权,"北四行"为发行钞券,专设四行准备库,办理中南钞票发行及兑现等事务,由胡笔江任总监。1922年11月,经过充分准备,中南银行钞票首先在天津发行。1923年3月,在上海成立总库。1935年,在天津的日本浪人齐向金库挤兑,在总库驰援和四行协力下很快平息,从而增强了中南钞票的信用,彰显了四行的实力。

胡笔江主持下的中南银行对近代工业发展出力颇多。由于纱厂资金周转快,借款期限短、利率高,是银行放款的首要对象,胡笔江也热衷于对纱厂贷款。中南银行在20世纪30年代与永利化学公司建立了抵押贷款关系,1934年范旭东欲在南京开办国内尚属空白的硫酸铔工业,找周作民帮忙。因工厂规模大,金城银行难以独立支持,周作民又邀胡笔江参与投资,胡笔江同样表示了支持。他联合周作民成立了诚孚信托公司,对纱厂、面粉厂、化工厂、运输公司等进行产权管理。

抗日战争期间,胡笔江通过电台演讲和召集会议,号召各界捐款支持抗战。1938年8月,胡笔江乘坐的"桂林号"飞机遭日军战斗机追击坠毁,胡笔江不幸遇难,国民政府追认他为烈士。毛泽东称胡笔江为"金融巨子",蒋介石称他为"金融硕彦"。

第八节 中国实业之父——盛宣怀

盛宣怀（1844—1916），祖籍江阴，出生于江苏常州。清末官员，秀才出身，官办商人、买办，洋务派代表人物，著名的政治家、企业家和慈善家，促进了中国近代交通、煤矿、银行、电信和教育等事业的兴起与发展。

1870年，盛宣怀入李鸿章幕府。1872年，经李鸿章保荐，督办轮船招商局。1876年，在与英方谈判赎回淞沪铁路事宜中得到李鸿章的赏识和保举，此后，盛宣怀任津沪电报陆线总办、天津海关道等职，成为李鸿章主持洋务运动的得力助手。盛宣怀在担任天津河间兵备道时，创办了中国第一家电信企业——天津电报总局，并亲自担任总办；1896年担任全国督办铁路事务大臣，推动铁路的修筑，同时接办汉阳铁厂。此时，盛宣怀已集轮船、铁路、电报电话和煤矿等近代企业的管理大权于一身。此外，他还创办了北洋大学堂（天津大学前身）。

盛宣怀在经营洋务过程中，认识到开办和经营银行不仅利益优厚，而且可以通过发行钞票和调剂金融掌控金融市场；并可以利用银行的信贷业务把各种企业、事业单位联系起来，集中经营管理，加快各行业的发展。如盛宣怀在经手向外国借款兴办芦汉铁路的过程中，认识到"办铁厂不能不办铁路，又因铁路不能不办银行"，但"铁路之利远而薄，银行之利近而厚，欲银行铁路并举，方有把握"。

于是，盛宣怀克服来自西方政治经济势力、清政府官员和社会的各方压力,精心筹划设计银行。他计划从四方面着手办银行:一是发行钞票,同时铸造银元;二是代理国债,仿借国债,可代洋债,这样政府就可以"不受重息之挟制,不吃镑价之亏折",而且银行还可以办外汇;三是汇解和收存公款;四是铁路资金要由银行支付。1897年5月27日,中国通商银行在上海成立,成为中国人自办的第一家银行。

中国通商银行曾经三次在天津设立分行:第一次为1898年,1900年庚子事变,八国联军侵占天津,该行蒙受大量呆滞放款损失,1905年上海总行总经理陈笙郊因病逝世后,该行整顿业务,天津分行随之被撤销。第二次为1937年,在筹备开业之际爆发了七七事变,在此不稳定情况下,上海总行打消了在津设行原意。第三次为1946年,抗日战争胜利后,中国通商银行第三次在天津设立分行,但因时任负责人对天津情况并不了解,业务没有较大发展。1949年天津解放,通商银行成为中国人民银行天津分行所属监理行。1951年初,中国人民银行天津分行委派刘希武任中国通商银行天津分行经理,积极开展工商大中小型企业的业务,天津分行业务有较大发展,在支持联管联营和公私合营等方面起到积极作用。1951年5月,上海总行与四明银行、中国实业银行、新华银行、建业银行等在上海组织设立联营总管理处,并在天津设立分处。1952年,天津市银行业在中国人民银行领导下成立了联合管理委员会,对天津市18家银行进行统一管理,中国通商银行天津分行的历史宣告结束。

第九节 传奇跨界闻人——吴鼎昌

吴鼎昌（1884—1950），字达铨，原籍浙江吴兴，生于四川华阳。1910年毕业于日本东京高等商业学校，回国后任大清银行总务局局长，不久调任江西分行总办。1912年赴上海参与大清银行清理事务，任改组后的中国银行监督。中国银行迁北京后任该行总裁。1914年任天津造币总厂总裁。1917年任天津盐业银行总经理。

盐业银行是由长期担任长芦盐运使的张镇芳创建的商业银行，张镇芳下台后，吴鼎昌便以天津造币厂监督的身份接手了盐业银行。吴鼎昌担任盐业银行总经理之后，鉴于中国、交通两行股票在1916年和1917年两年间连续遭受"停兑风潮"的打击，社会信誉一落千丈，而各官商合办的商业银行信誉大增，京津工商企业甚至北洋政府各衙门的军政费用都乐于存储于商业银行等状况，当机立断，相继出台了四项措施：第一，正式召开首任董事会，确认董事关系。第二，提请董事会，决定三年内将原欠交股款375万元收齐，达到盐业银行十足股本500万元。第三，提请董事会，每年从银行余利项下提取3万元，作为"经济研究"经费，由总经理支配。第四，设置股票平均公债，以备盈余较少的年份补提股东余利，使股东红利有可靠保证，以维系股票信誉。上述措施的实施使盐业银行初步达到了四个重要目的：一是健全了现代新式银行管理体制；二是壮大了银行自身实力，提高了银行社会信誉和抵御风险的能力；三是减少了银行拓展业务的盲目性，提高自觉性；四是增强了银行对股东的凝聚力和吸引力,吸引了众多私人股东投资盐业银行。

吴鼎昌为盐业银行确立了以"追求利润最大化为目标"的方针。他以北洋军阀政府为主要借贷对象,大力开展借垫业务。据不完全统计,1918年至1925年间盐业银行向北洋政府借、垫款项共8项,总额达140余万元。

民国初年,中国银行、交通银行经常出现停兑、挤兑风潮,使其不受市场信任,所发行钞票信誉极其低下,外国银行不兑现纸币,却广为流通,导致天津金融市场一片混乱。"北四行"为重振中国钞票的信誉,建立四行准备库,决定共同发行中国自己的钞票。按照四行建立四行准备库时的规定,四行准备库主任应由四行总经理轮流兼任,任期一年,首任主任为吴鼎昌。因其他三行中除周作民对联营机构活动过问较多外,其他总经理本身业务都非常繁忙,除遇重大事件需四人共商外,四行准备库等联营机构名誉和实权一直掌握在吴鼎昌手中,由他主持钞票发行等事宜。

中国人久有存储贵重金融通货的习惯,但当时中国没有信誉很高的储蓄银行,外国储蓄机构趁虚而入,大发横财,深深刺激了"北四行"的金融企业家们。他们决心建立自己的储蓄机构,同外商储蓄机构相抗衡。于是,吴鼎昌提议成立四行储蓄会。凡来储蓄会储蓄的银行,即作为该会基本会员;个人存款为普通会员,年终均享有分红的权利。储蓄会由四行各出资25万元,于1923年正式开业,总会设上海,与准备总库合署办公,天津、武汉、北京(由津会管辖)、南京设分支会,总会总经理仍为吴鼎昌。

吴鼎昌十几年金融界的搏击和政坛浮沉使他以超乎常人的眼光,敏锐感觉到必须掌握一个洞悉瞬息万变金融风波与政坛风向的现代化工具——报纸,来汇集最新信息并传播舆论,1902年创刊于天津的《大公报》成为他选中的目标。吴鼎昌投资5万银元建立《大公报》新记公司并亲任社长,富有办报经验的胡政之为经理兼副总编,思想敏锐、长于笔政的张季鸾任副经理兼总编辑。1926年9月1日,新记《大公报》面世,后来发展成为对舆论界有重要影响力的大报。1935年,吴鼎昌任国民政府实业部长,此后相继担任过贵州省政府主席、国民政府文官长、总统府秘书长等职,1949年1月辞职赴香港,次年病逝。

第十节 实业大成的金融家——孙多森

孙多森(1867—1919),字荫庭,安徽寿州(今寿县)人,近代知名实业家、金融家。孙多森在袁世凯任直隶总督兼北洋大臣期间,作为其经济上的得力帮手,曾担任直隶全省工艺总局总办,北洋实业重要企业启新洋灰公司、滦州矿务局的协理,创办和参与创办了许多重要的经济实体,如中国实业公司、通惠实业公司、北京自来水公司、河南通丰面粉厂、山东通盖精盐厂等,是周学熙的重要臂膀。他还积极办银行,一是参与创办了中国银行,二是创办了孙氏家族的中孚银行。

中国银行总行于1912年8月在北京成立,孙多森于当年12月至1913年6月出任第一任总裁。孙多森上任后,鉴于中国银行不仅在用人上大多沿用大清银行的旧人,制度上也大多沿用旧式的管理方法,遂提出一系列改革措施:将原有的3处分行增加至19处;派范季美和朱筱康专程前往日本考察银行业务和组织制度;主张以在政界有声望的官员担任各省分行的负责人,以熟悉现代银行业务的人及留学生担任副职,这样既可以利用官僚的势力和威望招徕资本，又可以利用有现代意识的青年人负责银行的具体事务。孙多森还派员去各省调查商情，筹备高等银行学堂，从山西票号和徽州钱业挑选30余人在学堂进修现代银行业务，为银行的长远发展培养人才。

关于中国银行总行内部机构的设置，开始时只有营业、文书、发行三局，另设秘书2人。孙多森上任后，参照日本银行的制度，将三局扩大为国库、出纳、营业、发行、证券、计算、检查、文书8个局。孙多森还主持修订了《中国银行条例》30条，是民国财政部公布的第一个中国银行条例。

1916年11月，在周学熙的支持下，孙多森创办了中孚银行，其本人任总经理，他在中国银行时的老搭档聂其炜任协理，卞白眉任总稽核。总管理处初设北京，总行设在上海，天津等处开设分行。后来发现总行和总管理处分在两处极不方便，便将两者归到天津北马路，后来又迁到上海。中孚银行虽为商业银行，但经营的业务非常广泛，有国内汇兑及押汇、国外汇兑及押汇、抵押放款、存款、私人保险箱、贴现、代募各种债券、货币交换、买卖生金银等。其中代办国外汇兑业务（通过美国花旗银行、运通银行和日本帝国银行代办）在国内属首创，中孚银行成为国内第一家特许经营外汇的商业银行。中孚银行后来遇到过几次大的危机，由于有阜丰面粉厂等经济实体做后盾，又有孙氏家族内部的合力，因此一直维持到全国解放，公私合营后逐步归入国家工商银行。

第十一节 金融学界泰斗——资耀华

资耀华（1900—1996），湖南耒阳人，中国近代知名金融家和金融学界泰斗。1926年，资耀华从日本京都帝国大学毕业后，开始了经济救国的征程。他先是担任经济学讲师、《银行月刊》杂志编辑，后到中日合办的中华汇业银行北京分行工作，1928年进入上海商业储蓄银行任总秘书及调查处经理。

　　1934年，资耀华担任上海商业储蓄银行天津分行经理兼华北管理行经理，还兼任中国旅行社华北区经理。资耀华到天津分行后，审度行内外形势，加强对外联络，尽力吸收存款、搞活放款、减少呆账，迅速扭转了天津分行的困难局面。1936年资耀华赴日考察，得到日本准备大举侵略中国的秘密消息，回津后即暗中一步步收缩天津分行放款业务。1937年七七事变发生后，华北沦陷，资耀华请示总行，总行指示"坚守岗位，保存资产，利用租界，抗抵敌人，遇事可向中交两行商议"。资耀华经与中国银行、交通银行两行经理相商，决定团结联络天津市全体同业，以收互助之效。抗日战争时期，资耀华联合天津金融界与敌伪周旋，挨过了漫长的艰难岁月，保全了银行财产，完成了总行的嘱托。1947年，资耀华因对蒋介石发动内战深为不满而遭到当局猜忌，于是远赴美国避难。平津解放前夕，他急迫地离开美国回到天津，与上海商业储蓄银行天津分行职工共同迎接天津的解放。

　　天津解放的第二天,资耀华参加天津市军事管制委员会举行的商讨如何恢复天津市金融市场的座谈会,提出三点建议:一是务必保住中国银行和交通银行这两块牌子;二是迅速恢复天津市场,特别是金融市场;三是从速恢复天津市进出口贸易,上海银行可以代理对外收付外汇,并可垫付美元外汇。天津市军事管制委员会和市人民政府经研究后,很快采纳并实施了资耀华的这些建议。这些措施对稳定天津金融、安定人心、繁荣市场起到了显著的作用。

　　资耀华在从事金融实务的同时,非常注重金融理论研究,出版《国外汇兑之理论与实务》《英美银行制度及其银行业之现状》《信托及信托公司论》等,在海内外金融界享有很高的声望。1950年中国金融学会成立,南汉宸任会长,他任副会长,连任三届,为该会的组织工作和学术研究付出了大量心血。1959年,中国人民银行总行设立参事室,资耀华为主任。他倾注心血,做了大量金融历史资料的搜集、整理、编辑、研究和出版工作。经过十几年的努力,由他主持编写的《清代货币史资料》《中华民国货币史资料第一辑:1912—1927》《中华民国货币史资料第二辑:1924—1949》《中国清代外债史资料》等几部巨典陆续出版,受到海内外有关方面的高度重视和认可,成为研究金融货币史的重要参考书。

附　录

一、近代天津银行业机构一览表

银行名称	津行开业及停业日期	津行地址
中国通商银行	1898 年开业； 1905 年撤销； 1947 年 4 月复业； 1952 年 12 月合并	初设在东浮桥北沿河马路大摆渡口附近； 复业后行址为中正路 44 号
北洋天津银号（天津官银号）	1902 年 8 月开业； 1910 年改组为直隶省银行	东北角三义庙
志成银行	1903 年 8 月—1911 年 10 月	宫北大狮子胡同
户部银行	1905 年 10 月开业； 1908 年改为大清银行； 1912 年改为中国银行	初设在估衣街； 1906 年迁至北马路
交通银行	1908 年 4 月—1949 年 1 月	初设在北马路； 后迁至法租界 5 号路与 6 号路拐角； 继迁至法租界 4 号路 48 号（到1942 年）
厚德商业银行	1909 年 5 月—1911 年	北门外针市街
信义银行	1909 年—1909 年 6 月	有关情况不详
公益商业储蓄银行	1910 年 1 月—1920 年前	北门内大街
北洋保商银行	1910 年 3 月—1939 年 1 月	初设在北马路； 1926 年迁至法租界 14 号路； 1931 年迁至法租界中街

续表

银行名称	津行开业及停业日期	津行地址
信成银行	1906年—1912年2月	宫北大街
直隶省银行 （由天津官银号改组成立）	1910年9月—1928年	北马路
新茂银行	宣统年间设立(约)； 辛亥革命前后歇业	有关情况不详
殖业银行	1911年3月开业； 1945年5月停业； 1946年8月复业； 1947年6月停业	初设在北门内大街只家胡同； 1927年前后迁至法租界4号路100号
兆丰银行	1912年6月—1920年前	北门外针市街
中国银行 （由大清银行改组成立）	1912年10月—1949年1月	初设在法租界7号路24号； 1918年4月迁至法租界8号路
殖边银行	1915年8月—1925年	宫北大街
盐业银行	1915年5月—1952年12月	法租界8号路
浙江兴业银行	1915年10月—1952年12月	初设在宫北大街； 1925年迁至法租界21号路与26号路交口
山西裕华银行	1915年11月开业； 1942年6月停业； 1947年1月复业； 1949年1月被接收	初设在宫北大街； 后迁至法租界8号路46号
蔚丰商业银行	1916年5月—1924年9月	日租界旭街
财政部平市官钱局	1916年6月—不详	鼓楼大街路东67号
中孚银行	1916年11月—1952年12月	初设在北马路； 1918年10月迁至法租界8号路
金城银行	1917年5月—1952年12月	初设在法租界7号路43号； 1921年2月迁至英租界维多利亚道
义兴银行	不详—1929年8月2日	1917年2月21日天津县银钱业未注册行号的清单所列

银行名称	津行开业及停业日期	津行地址
新华信托储蓄银行	1917年5月—1952年12月	初设在法租界7号路17号； 1935年末迁入法租界中街新华大楼
山东银行	1918年开业； 1925年改为山东商业银行	宫北大狮子胡同
山东工商银行	1918年—1925年	北马路
聚兴诚银行	1918年6月开业； 1931年撤销； 1946年8月复业； 1952年12月15日合并	初设在法租界中街19号； 复业时在第一区兴安路277号
中法储蓄会	1918年8月开业； 1935年7月由中央信托局接办	法租界马家口1号路
五族商业银行	1918年9月—1928年	估衣街
东莱银行	1919年3月—1952年12月	初设在宫北信成里； 1921年迁至宫北大狮子胡同； 1925年迁至法租界21号路
大生银行	1919年3月—1949年1月	初设在北马路； 1930年后迁至法租界6号路61号
大陆银行	1919年4月—1952年12月	法租界6号路
中国实业银行	1919年4月—1952年12月	初设在法租界12号路26号； 1923年4月7日迁至英租界领事道该行新楼
齐鲁银行	1919年8月前—不详	锅店街
边业银行	1919年8月开业； 1920年4月改组—1937年10月	初设在法租界巴黎路88号； 1936年迁至法租界8号路117号
北京商业银行	1919年开业； 1927年5月停业； 1946年9月复业； 1949年1月	初设在法租界6号路； 1921年12月迁至法租界5号路与14号路转角； 复业后在哈尔滨道60号
大中银行	1919年（一说津行设立于1929年6月）—1950年3月	初设在法租界马家口1号路； 1935年迁至法租界中街15号
国民银行	1919年—不详	意租界

续表

银行名称	津行开业及停业日期	津行地址
明华银行	1920年6月—1935年5月	法租界4号路26号
丰业银行	1920年9月—1938年	针市街
上海银行	1920年10月—1952年12月	初设在宫北大街狮子胡同; 1922年将分理处改分行迁东马路; 1926年迁至法租界8号路100号
东三省银行	1920年12月—1924年7月合并于东三省官银号	法租界5号路
致中银行	不详—1923年8月29日	有关情况不详
东陆银行	1921年3月—1925年2月	初设在英租界海大道8号; 1923年迁至英租界中街该行新楼
中华储蓄银行	1921年4月—1924年6月	初设在英租界中街; 迁至日租界花园街; 后迁至锅店街
劝业银行	1921年5月—1931年	英租界海大道; 1922年10月迁至法租界8号路32号; 后迁至法租界12号路戒酒楼
大业银行	1921年7月—1928年7月	东马路
农商银行	1921年7月—1929年3月	初设在法租界6号路; 1923年11月迁至法租界中街与8号路转角
裕津银行	1921年—1951年10月	宫北大街; 1941年后迁法租界8号路32号
裕丰银行	有关情况不详	针市街
同利银行	有关情况不详	法租界
同义银行	有关情况不详	英租界
天津工商银行	有关情况不详	日租界
华胜银行	有关情况不详	宫南大街
华充银行	有关情况不详	宫北大街
裕华银行	有关情况不详	意租界
通昌银行	有关情况不详	宫北新街

续表

银行名称	津行开业及停业日期	津行地址
华昌银行	有关情况不详	法租界中街
天津通易银行	1921年10月—1922年12月	宫北新街
天津兴业银行	1921年10月—1928年	法租界
华新银行	1921年—1931年	初设在法租界6号路； 后迁至承德道
天津华北银行	1921年11月—1929年	宫北大街
华孚银行	1921年—1922年	法租界海大道
宝通银行	1921年—不详	有关情况不详
裕达银行	1921年—1934年前已停业	有关情况不详
直隶省官钱局	1921年11月—1935年	宫北大街
中南银行	1922年7月—1952年12月	英租界中街10号
北京裕华银行	1922年10月（分庄）—1923年秋	日租界大和街
山西省银行	1927年—1937年	初设在针市街； 1934年迁至法租界泰丰里8号； 1935年分行改为寄庄，迁至英租界广东路
四行准备库	1922年11月—1935年	初设在法租界21号路63号； 1925年迁至英租界维多利亚道
察哈尔兴业银行	1922年（原汇兑所改分行）—1924年	初设在锅店街； 后迁至东门外单街子
天津道生银行	1922年12月19日—1928年10月	北马路
中华统一银行	1923年—不详	有关情况不详
四行储蓄会	1923年6月—1948年	初设在法租界21号路63号； 1925年迁至英租界维多利亚道
蒙藏银行	1923年6月—1929年	法租界12号路
怀远银行	1923年—1925年6月	法租界8号路
热河兴业银行	1923年—1928年查封； 1931年停业	初设在宫北新街； 后迁至法租界12号路
普益银行	1923年—不详	日租界旭街
民国银行	1923年—不详	有关情况不详
大有银行	1924年2月—1927年4月	宫北大狮子胡同

续表

银行名称	津行开业及停业日期	津行地址
甘肃省银行	1924年3月—不详	宫北大街
河南省银行	1924年3月—1927年	宫北大街
香港工商银行	1924年—1930年7月	法租界海大道44号
直东地方实业银行	1924年6月筹设—不详	有关情况不详
大成银行	1924年—不详	初设在北马路；后迁至法租界
民利银行	1924年—不详	日租界
东方商业银行	1925年5月—1926年6月	法租界6号路82号
香港国民商业储蓄银行	1926年—1949年	初设在法租界26号路45号；1935年迁至法租界8号路103号
中元实业银行	1925年—1927年5月	大沽路
奉天商业银行	1924年7月—不详	有关情况不详
天津农工银行	1925年9月筹设；1926年2月退股解散	有关情况不详
华威银行	1925年10月—1928年12月	法租界4号路
山东商业银行（由山东银行改称）	1925年—1930年3月	宫北大狮子胡同
太平银行	1925年—1925年	有关情况不详
漳夏实业银行	1925年—不详	有关情况不详
中国丝茶银行	1925年—1928年5月	法租界杨福荫路
西北银行	1926年8月—不详	法租界21号路
中国垦业银行	1926年3月—1952年12月	初设在法租界8号路；1927年迁至6号路82号
山东省银行	1926年8月—1928年4月	法租界
中国农工银行	1927年2月—1952年12月	初设在法租界14号路24号；后迁至法租界中街
东亚商业银行	1927年—不详	有关情况不详
河南省农工银行	1929年2月（办事处）—1936年9月裁撤	初设在日租界乾泰栈内；后迁至英租界2号路信义里6号；1934年12月迁至英租界广东路福荫里8号

银行名称	津行开业及停业日期	津行地址
天津商业银行	1929年—不详	英租界西摩路前协和贸易公司旧址
河北省银行（由直隶省银行改组成立）	1930年1月—1949年1月接管	初设在东北城角； 1931年11月迁至英租界11号路福善里1号； 1932年5月迁至法租界8号路66号； 1936年迁至法租界14号路； 1946年迁中正路74号
中央银行	1931年4月开业； 1937年裁撤； 1945年11月复业； 1949年1月接管	英租界中街9号
久安信托公司（后改组为久安商业银行）	1931年6月—1952年12月	初设在法租界14号路34号； 1933年11月迁英租界英国大院12号； 1942年迁至英租界中街
陕西省银行	1931年8月（办事处）—不详	初设在法租界24号路； 1935年迁至法租界37号路安养里2号； 1937年迁至法租界海大道
中国国货银行	1931年9月—1943年1月	法租界8号路110号
中原商业储蓄银行	1931年11月—1949年1月	初设在日租界福岛街； 后迁至第一区中正路54号（津分行曾在法租界26号路）
河北民生银行	1931年4月—1933年1月	法租界8号路
山东民生银行	时间不详（办事处或代办处）—1937年11月	有关情况不详
国华银行	1934年8月—1952年12月	初设在法租界中街74号； 1947年迁至中正路159号

银行名称	津行开业及停业日期	津行地址
益发银行	1934年前—1945年	特管区3号路39号
益通商业银行	1934年前（办事处）—1945年	特管区3号路39号
奉天世合公银行	1934年前（办事处）—1936年1月	有关情况不详
中央信托局	1935年10月开业； 1937年后撤； 1945年11月复业； 1949年1月接管	第一区中正路97号
宁夏省银行	1935年12月（办事处）—不详	法租界峻庐公寓内
北平农工银行	1936年1月（办事处）—不详	法租界1号路与4号路转角
天津市民银行	1936年4月—1949年1月接管	初设在东北角单街子； 1937年迁至法租界26号路恒安里； 1939年迁至租东马路二道街冰窖胡同37号营业； 1940年3月迁至北马路； 1946年迁至罗斯福路286号
伪满洲中央银行	1937年9月—1945年10月	初设在日租界北旭街85号； 后迁至兴亚二区3号路86号
伪蒙疆银行	1937年12月（办事处）—1945年10月	初设在东马路； 后迁至日租界旭街15号
伪冀东银行	1938年3月； 1942年7月改组—1945年10月	初设在日租界； 后迁至法租界8号路117号
伪中国联合准备银行	1938年3月—1945年8月	初设在北马路； 1940年迁至特一区； 1942年迁法租界中街
新生银行	1942年5月—1945年10月	法租界26号路18号
信诚银行	1942年10月—1945年10月	法租界杨福荫路34号
华北商工银行	1942年11月—1945年10月	法租界4号路92号
伪华北储蓄银行	1943年3月—1945年10月	法租界4号路
功成银行	不详（办事处）—1945年10月	第十一区大安街16号
唐山农商银行	1943年8月—1945年10月	法租界25号路87号
福顺德银行	1944年—1945年	法租界1号路35号

续表

银行名称	津行开业及停业日期	津行地址
聚义银行	1944年7月—1945年	法租界21号路83号
同德银行	1944年9月—1945年	法租界26号路10号
伪华北工业银行	1944年12月—1945年10月	新华大楼内
中国农民银行	1945年12月—1949年1月	第一区罗斯福路191号
邮政储金汇业局	1946年6月—1949年1月	第一区罗斯福路
亚西实业银行	1946年5月—1950年3月	第一区罗斯福路213号
长江实业银行	1946年—1950年5月	第一区罗斯福路131号
川康平民商业银行	1946年7月—1950年3月	第一区罗斯福路177号
四川巴川银行	1946年8月—1949年1月	第一区罗斯福路347号
大同银行	1946年10月—1949年1月	第一区中正路95号
开源银行	1947年1月—1950年3月1日	第一区花园路11号
亿中企业银公司	1947年3月—1949年1月	第一区赤峰道51号
中央合作金库河北省分库	1947年3月—1949年1月接管	第一区罗斯福路302号
永利银行	1947年4月—1950年5月4日	第一区哈尔滨道112号
重庆商业银行	1947年4月—1950年7月19日	第一区中正路113号
中国侨民商业银行	1947年5月—1949年1月	第一区花园路8号
建业银行	1947年6月14日—1952年12月15日	初设在第十区营口道安利大楼33号；1947年11月迁至第一区罗斯福路237号；1950年9月迁至解放北路96号
敦华商业银行	1948年4月—1949年1月	第十区解放南路197号
联合商业储蓄信托银行	1948年8月—1952年12月15日	第十区解放北路145号
汇丰银行(英)	1882年开业；1941年停业；1945年复业；1954年撤离	初设在英租界宝士徒道；1925年迁至英租界中街新楼

续表

银行名称	津行开业及停业日期	津行地址
德华银行(德)	1890年开业； 1920年停业； 1922年复业； 1945年8月接管	初设在英租界河坝道； 1906年迁至英租界中街； 1922年复业后迁至海大道； 1936年迁至英租界中街； 后迁至法租界中街
麦加利银行(英)	1895年开业； 1941年停业； 1945年复业； 1956年歇业	英租界维多利亚道
华俄道胜银行(中俄)	1896年—1926年9月	英租界中街
横滨正金银行(日)	1899年—1945年8月接管	初设在英租界中街现利顺德饭店内； 1901年迁至英租界中街8号
华兴银行(中法)	1904年—不详	有关情况不详
华比银行(比)	1906年开业； 1941年停业； 1945年复业； 1956年歇业	初设在英租界怡和道； 1922年迁至英租界中街86号
东方汇理银行(法)	1898年—1956年	初设在法租界西宾馆； 后迁至法租界中街
义品放款银行(法比)	1907年—1940年	法租界中街111号
天津商工银行(日)	1912年—1920年	日租界寿街
正隆银行(日)	1915年—1945年	日租界旭街25号
中法实业银行(中法)	1919年—1921年7月	法租界中街西宾馆
花旗银行(美)	1916年开业； 1941年停业； 1945年复业； 1949年停业	初设在英租界中街通济洋行旧址； 1921年迁至英租界中街66号
运通银行(美)	1917年—1941年12月	初设在法租界7号路39号； 后迁至英租界中街137号
万国储蓄会(法)	1912年—1945年	法租界中街

续表

银行名称	津行开业及停业日期	津行地址
友华银行（美）	1918年—1924年	初设在法租界4号路； 1924年2月29日归并花旗银行
朝鲜银行（日）	1918年—1945年8月	初设在法租界中街93号； 1938年迁至日租界旭街
天津银行（日）	1920年—1945年8月	日租界旭街55号
天津实业银行（中日法）	1920年1月—不详	有关情况不详
华义银行（中意）	1920年5月—1940年	法租界中街91号
中华懋业银行（中美）	1920年8月—1929年11月	法租界6号路
华法银行（中法）	1920年10月—1931年	法租界8号路111号
远东银行（意）	1921年—1929年8月	意租界大马路36号
振业银行（中法）	1921年—1924年9月	有关情况不详
震义银行（中意）	1921年5月—1924年	有关情况不详
大东银行（中日）	1922年—1927年4月	初设在日租界旭街2号； 后迁至法租界中街
美丰银行（美）	1923年—1935年5月	法租界中街
中华汇业银行（中日）	1924年3月—1928年12月	初设在法租界海大道34号； 1927年迁至英租界中街9号
中法工商银行（中法）	1925年11月—1948年末	法租界中街114号
远东银行（俄）	1925年—1929年9月	法租界海大道
汇源银行（法）	有关情况不详	英租界29号路387号
汇源信托银行（法）	有关情况不详	法租界狄总领事路66A号
天津商业放款银行（美）	1928年开业（俄）； 1932年改组（美）； 1936年1月停业	英租界海大道
大通银行（美）	1929年开业； 1941年停业； 1946年复业； 1949年1月停业	初设在英租界中街1号； 后迁至英租界中街80号

银行名称	津行开业及停业日期	津行地址
合通银行（美）	1933年11月开业； 1935年8月停业； 1946年复业； 1949年1月清理	初设在法租界8号路113号； 1947年迁至正路137号； 1948年2月迁至中正路181号
敦华银行（美）	1935年6月开业； 1941年停业； 1946年2月复业； 1949年1月清理	初设在英租界中街177号； 复业后在中正路197号

二、1875—1948 年天津官商保险业情况

保险机构名称	开业时间	停业时间	地址	负责人	总公司地址
济和水险保险股份有限公司天津分公司	光绪元年（1875）	光绪十二年（1886）	轮船招商局天津分局紫竹林货栈	宋缙	上海
仁和火险保险股份有限公司天津分公司	光绪三年（1877）	光绪十二年（1886）	轮船招商局天津分局紫竹林货栈	宋缙	上海
仁济和水火保险股份有限公司天津分公司	光绪十二年（1886）	1937	轮船招商局天津分局紫竹林货栈	宋缙	上海
北洋水火保险股份有限公司总公司	光绪三十四年（1908）	1913	北马路	李士玉	天津
中国产物保险公司经理处	1932	1948	法租界8号路83号中国银行大楼	龚作霖	上海
太平洋保险公司	1934	1948	第一区新华大楼	魏铁珊	上海
河北邮政管理局	1935	1948	不详	不详	天津
中央信托局保险部天津分部	1945	1948	英租界10号路巴克斯道	李达	上海

续表

保险机构名称	开业时间	停业时间	地址	负责人	总公司地址
资源委员会保险事务所华北分处	1946	1948	河北路30号	不详	南京
邮政储金汇业局天津分局保险处	1946	1948	不详	不详	不详
中国农业保险公司	1947	1948	第一区罗斯福路191号	许绵	上海

参考文献

[1]戴建兵.中国货币文化史[M].济南:山东画报出版社,2010.

[2]高平,高大鹏.天津老银行[M].天津:天津大学出版社,2008.

[3]龚关.近代天津金融业研究[M].天津:天津人民出版社,2007.

[4]罗澍伟.近代天津城市史[M].天津:天津社会科学院出版社,2020.

[5]蒙秀芳,黑广菊.金城银行档案史料选编[M].天津:天津人民出版社,2010.

[6]沈大年.天津金融简史[M].天津:南开大学出版社,1988.

[7]天津市地方志编修委员会.天津通志·保险志[M].天津:天津社会科学院出版社,1999.

[8]天津市地方志编修委员会.天津通志·金融志[M].天津:天津社会科学院出版社,1995.

[9]诸静.金城银行的放款与投资[M].上海:复旦大学出版社,2008.

后 记

时代巨变,潮起潮落。天津金融服务实业、创新竞进、开放包容的鲜明文化特质被一代一代金融人传承和发扬。中华人民共和国成立后,特别是改革开放以来,天津金融经历了较为快速的恢复与发展,滨海新区开发开放为天津金融注入了新的动力,天津成为国内少数的金融"全牌照"城市。进入新时代,2015年中央赋予天津"金融创新运营示范区"功能定位,为天津金融发展带来了新的历史性机遇。天津市委、市政府坚持以习近平新时代中国特色社会主义思想为指导,以金融创新运营示范区建设为主线,带领全市金融系统践行金融工作的政治性、人民性,激发出强劲的金融活力。天津金融发展质效不断提升,为经济社会高质量发展提供了有力支撑。

新征程上,天津金融必将坚决贯彻习近平总书记系列重要指示要求,传承百年金融优良传统,弘扬中国特色金融文化,坚持走中国特色金融发展之路,着力做好科技金融、绿色金融、普惠金融、养老金融、数字金融五篇大文章,并结合天津实际,积极探索特色金融发展路径,不断壮大优势业态,打造特色鲜明的金融集聚标志区,努力建成服务实体有特色、改革创新有活力、金融标准有品牌、金融监管有成效、金融发展有质量的金融创新运营示范区,为加快建设金融强国贡献天津力量。

在本书编写过程中,得到了天津社科院张利民研究员和南开大学龚关副教授的悉心指导,两位专家对本书内容逐章逐句审核把关,提出了许多宝贵意见,在此致以衷心的感谢!此外,天津市档案馆、天津博物馆提供了诸多珍贵档案和素材,中国人民银行天津市分行、中国工商银行天津市分行、中国农业银行天津市分行、中国银行天津市分行、中国建设银行天津市分行、交通银行天津市分行、中国邮政储蓄银行天津市分行、天津农商银行等单位对本书图片的摄影取材给予了大力支持,在此一并表示感谢。